ジョブ型雇用社会とは何か

——正社員体制の矛盾と転機

濱口桂一郎
Keiichiro Hamaguchi

Eurus
Notus
Boreas
Zephyrus

岩波新書
1894

はじめに

二〇二〇年は年初から新型コロナウイルス感染症が世界中で蔓延し、労働市場や働き方にも大きな影響が及びました。コロナ禍でテレワークが広まったため、それとの関連でジョブ型という言葉が取り上げられたこともありますが、ジョブ型が注目を集めたのは、同年初めに日本経済団体連合会（経団連）が公表した『二〇二〇年版 経営労働政策特別委員会報告』が大々的にジョブ型を打ち出したことによるものです。マスコミの中でもとりわけ日本経済新聞（日経新聞）は、年初からほぼ毎日のようにジョブ型への転換を唱道する記事を量産し続けました。これに煽られたかのように、紙媒体や電子媒体の多くの記事でジョブ型という言葉があふれました。ネット上で「ジョブ型」を検索すると、ほぼ毎日数十件の新しい記事がヒットするという異例な状態が続きました。

よく分かっていない方からは、「これだけジョブ型が流行って嬉しいでしょう」と言われました。確かに日本的なメンバーシップ型と対になるジョブ型という言葉を作ったのは私自身です。二〇〇九年に書いた『新しい労働社会——雇用システムの再構築へ』（岩波新書）は、両者の対比によって日本の労働社会の様々な矛盾を指摘し、その解決方向を提示するものでした。しかしながら、二〇二〇年に多くのメディアで流行したジョブ型は、私の提示した概念とは似ても似つかぬものでした。
よく分かっている方からは、「こんな間違いだらけのジョブ型を放置しておいていいのか」と言われました。いいはずはありません。朝日新聞や産経新聞のインタビューでその旨を述べたり、いくつかの雑誌記事でその旨を書いたりする機会はありましたが、なかなか衆寡敵せず、二〇二一年になっても依然としておかしなジョブ型論ばかりが世間にはびこっている状態です。きちんとまとまった形で本当のジョブ型論を世の中に示さなければならないという思いは募る一方でした。

本書は、雇用システム論の基礎の基礎に立ち返り、ジョブ型とメンバーシップ型とは何であり、何でないのかを、分かりやすく示した上で、雇用労働に関わる様々な領域ごとに、世の多くの浅薄なジョブ型論者が見落としている重要なポイントを一つ一つ解き明かしていきます。そこには、雇用システム論の根っこから物事を見直すと、かくも世の中の見え方が変わってくるのか、という驚きの体験が待っているはずです。おそらく多くの読者にとっては、ページをめくるごとに「そうだったのか！」と膝を叩くところが見つかるでしょう。

一二年前の『新しい労働社会』を読まれた方にとっても、本書の付加価値は大きいはずです。例えば、いわゆる働き方改革をはじめとするこの間の様々な労働政策をめぐる動きについて、「なるほど、そう理解することができるのか！」という新たな認識を提供しています。思い込みと忖度のはざまに隠された真実をここまであからさまにした論考は他に見当たらないと思います。

かつて雑誌『世界』の編集部にいて『新しい労働社会』の刊行を勧めていただいた伊藤耕太郎さんには、今回は岩波新書の編集者として本書の出版を進めていただきました。本書が世のジョブ型論の水準を少しでも引き上げることに貢献できれば幸いです。

二〇二一年五月

著　者

目　次

第2章　入口と出口……49

序章　間違いだらけのジョブ型論

1　氾濫するおかしなジョブ型論

全社員の職務経歴書作成がジョブ型？

「はじめに」でも述べたように、二〇二〇年初め以来おかしなジョブ型論が世の中にはびこっています。まずはその中から、特にトンデモ系の記事を取り上げて、どこが変なのかコメントしておきましょう。

まず、二〇二〇年六月二六日付のネットメディア『ビジネスインサイダー』に、「日立、富士通、資生堂…大企業ジョブ型導入で崩壊する新卒一括採用」というタイトルの記事が載りました。そこにはこんな記述があります。「日立は、二〇二一年三月までにほぼ全社員の職務経歴書を作成し、二〇二四年度中には完全なジョブ型への移行を目指している。背景にあるのが、ビジネスモデルの転換だ」。私はこれを見て、目を丸くしました。

この日立製作所（日立）の話は非常に多くのメディアが取り上げています。他の記事には職務経歴書など出てきません。日立が作成しようとしているのは、「全社員の職務経歴書」などではなく、「全職種の職務記述書（ジョブディスクリプション）」です。どちらも職務という字が入っているから似たようなものだろうと思ったのかもしれませんが、全社員の職務経歴書というのは、ヒトに着目しています。ヒト基準です。全職種の職務記述書というのは、そうではなくてジョブに着目しています。ジョブ基準です。全く正反対です。ところが、単にジョブとか職務という言葉が付いていれば似たようなものだろうと思って、全く正反対に誤解して書いたのでしょう。この記事は、ジョブ型というものを全く理解していないで書かれた最たるものと言えます。

世界三〇万人をジョブ型に転換？

次に二〇二〇年八月一九日付のネットメディア『日経クロステック』に、「世界三〇万人をジョブ型に転換、日立が壮大な人事改革に挑む本当の理由」という記事が載りました。日立は確かにジョブ型を掲げて改革を進めているのですが、この記事には「国内で働く一六万人を含め世界中の従業員三〇万人をジョブ型の人事制度へ――。日立製作所が壮大な社内改革に乗り出した」とあります。国内で働く一六万人は確かに今メンバーシップ型の中にいるわけですから、これをジョブ型に転換するというのは分かります。しかし、世界三〇万人がジョブ型に転換するというのです。ということは、残りの一四万人は今、何型なのでしょうか。今ジョブ型であればジョブ型には転換しないはずです。おそらくこの記事を書いた人は、ジョブ型というのは日本だけではなくて、欧米諸国でもこれから目指すべき理想像だと思っているようです。

このジョブ型、メンバーシップ型というのは、言葉自体は私が作った言葉ですが、概念自体はそれ以前からあります。これは現実に存在する各国の雇用システムを分類するための学術的概念です。学術的概念ということは、本来、価値判断とは独立のものです。つまり、先験的にどちらが良い、悪いという話ではありません。もちろんそれぞれの時代の国あるいは企業のパフォーマンスで毀誉褒貶はあります。ですが、だからといって認識論的基礎が変わるものではありません。

ところが、各種メディアの報道を見ていると、商売目的の経営コンサルタントやそのおこぼれを狙うメディアは、どうももっぱら新商品として「これからのあるべき姿」としてのジョブ型を売り込もう、そのためのいいネタだと思っているのではないかと感じられます。そのために、そもそもジョブ型とは何か、メンバーシップ型とは何かという認識論的基礎が極めていい加減なまま、価値判断ばかりを振り回したがる傾向が見られるのでしょう。

職務遂行能力はジョブ型ではない

この価値判断過剰傾向が一番横溢しているのは日経新聞です。二〇二〇年初めから同紙には毎日のようにジョブ型という言葉が登場していますが、ことごとく褒め称える記事です。もっとも、さすがに日経新聞ともなると前述のネットメディアほどひどくないように見えます。一応ジョブ型とは何かという認識論的基礎はきちんと踏まえているように見えます。しかし、よく見るとおかしな記述がいっぱい出てきます。例えば二〇二〇年六月八日付の解説記事です。ジョブ型をこう解説しています。

> ジョブ型　職務内容を明確にした上で最適な人材を充てる欧米型の雇用形態。終身雇用を前提に社員が様々なポストに就く日本のメンバーシップ型とは異なり、ポストに必要な能力を記載した「職務定義書」(ジョブディスクリプション)を示し、労働時間ではなく成果で評価する。職務遂行の能力が足りないと判断されれば欧米では解雇もあり得る。

職務遂行の能力という言葉が出てきました。職務遂行能力という言葉が、日本的なメンバーシップ型の人事管理の肝であることは、人事部の一年生であればすぐ勉強して覚えていなければいけない常識のはずですが、この解説記事を書いた日経記者はそのことに無知なようです。

しかもその少し前を見ると、職務定義書(職務記述書のこと)を「ポストに必要な能力を記載」と説明しています。冗談ではありません。職務記述書は「能力を記載」などしていません。職務を記述しています。その職務がどういうタスク(課業)からなっているかということを記述しているのです。当然のことながら職務(ジョブ)には必要な技能(スキル)が対応しますが、これは日本的な職務遂行能力とは全く異なるものです。先ほどのネットメディアと同じように、ヒト基準とジョブ基準を混同していることを露呈しています。

ジョブ型は成果主義ではない

しかし、この解説で一番問題なのは、「労働時間ではなく成果で評価する」というところです。あまりにも頻繁に紙面でお目にかかるため、そう思い込んでいる人が実に多いのですが、これは九割方ウソです。どういうことでしょうか。

そもそも、ジョブ型であれ、メンバーシップ型であれ、ハイエンドの仕事になればなるほど仕事ぶりを厳しく評価されますし、ミドルから下の方になればなるほどいちいち評価されなくなります。それは共通ですが、そのレベルが違うのです。多くの人の常識とは全く逆に、ジョブ型社会では一部の上澄み労働者を除けば仕事ぶりを評価されないのに対し、メンバーシップ型では末端のヒラ社員に至るまで評価の対象となります。そこが最大の違いです。

これは、ジョブ型とはどういうことかを基礎に戻って考えればごく当たり前の話です。ジョブ型とは、まず最初に職務（ジョブ）があり、そこにそのジョブを遂行できるはずの人間をはめ込みます。人間の評価はジョブにはめ込む際に事前に行うのです。後はそのジョブをきちんと遂行できているかどうかを確認するだけです。大部分のジョブは、その遂行の度合を事細かに評価するようにはなっていません。ジョブディスクリプションに書かれた任務を遂行できているかそれともできていないかをチェックするだけです。それができていれば、そのジョブにあらかじめ定められた価格(賃金)が支払われます。これがジョブ型の大原則であって、そもそも普通のジョブに成果主義などはなじみません。例外的に、経営層に近いハイエンドのジョブになれば、ジョブディスクリプションが広範かつ曖昧であって、できているかできていないかの二分法では足らず、その成果を事細かに評価されるようになります。これが、多くのマスコミや評論家が想定する成果主義の原像でしょう。しかし、それをもってジョブ型の典型とみなすことは、アメリカの大学が全てハーバード大学のビジネススクール並みの教育をしていると思い込む以上に現実離れしています。

ヒラ社員まで査定する日本

これに対し、日本のメンバーシップ型社会においては、欧米の同レベルの労働者が評価対象ではないのと全く正反対に、末端のヒラ社員に至るまで事細かな評価の対象になります。ただし、そもそも入社時に具体的なジョブのスキルで評価されているわけではありませんし、入社後もやはり具体的なジョブのスキルで評価されるわけではありません。では彼らは何で評価されているのかというと、日本の会社員諸氏がみんな重々承知のように、特殊日本的意味における「能力」を評価され、意欲を評価されているのです。人事労務用語でいえば、能力考課であり、情意考課です。この「能力」という言葉は要注意です。これは、いかなる意味でも具体的なジョブのスキルという意味ではありません。社内で「あいつはできる」というときの「できる」であって、潜在能力、人間力等々を意味します。また情意考課の対象である意欲とは、要は「やる気」ですが、往々にして深夜まで居残って熱心に仕事をしている姿がその徴表として評価されがちです。業績考課という項目もありますが、集団で仕事を遂行する日本的な職場で一人ひとりの業績を区分けすることは難しく、本来の意味での成果主義は困難です。

このように、ハイエンドではない多くの労働者層についてみれば、ジョブ型よりもメンバーシップ型の方が圧倒的に人を評価しているのですが、ただその評価の中身が、「能力」や意欲に偏り、成果による評価は乏しいのです。問題があるとすれば、この中くらいから末端に至るレベルの労働者向けの評価のスタイルが、それよりも上位に位置する人々、経営者に近い管理する側の人々に対しても、ずるずると適用されてしまいがちだということでしょう。ジョブ型社会において彼らのカウンターパートに当たるエグゼンプトとかカードルと呼ばれる人々は、ジョブディスクリプションに書かれていることさえちゃんとやっていれば安泰な一般労働者とは隔絶した世界で、厳しくその成果を評価されているのに、日本の管理職はぬるま湯に安住しているという批判はここから来るのです。そしてその際、情意考課で安易に用いられがちな意欲の徴表としての長時間労働が槍玉に挙げられ、「労働時間ではなく成果で評価する」という、日経新聞で毎日のようにお目にかかる千篇一律のスローガンが生み出されるというわけです。

もちろん、ハイエンドの人々は厳しく成果で評価されるべきでしょう。その意味で、「九割方ウソ」の残り一割はウソではないと認めてもいいかも知れません。しかし、そういう人はジョブ型社会でも一握りの上澄みに過ぎません。ジョブ型社会の典型的な労働者像はそれとは全く異なります。もし、ジョブ型社会ではみんな、少なくともメンバーシップ社会で「能力」や意欲を評価されている末端のヒラ社員と同じレベルの労働者までがみんな、成果主義で厳しく査定されているという誤解をまき散らしているのであれば、それは明らかにウソであると言わなければなりません。

ジョブ型は解雇しやすいわけでもない

もう一点、前述の日経新聞解説記事の「職務遂行の能力が足りないと判断されれば欧米では解雇もあり得る」のうち、解雇についても問題があります。実際ここ数年来、ジョブ型社会になれば解雇されやすくなるという議論が、それを推進する側からも批判する側からも多く見られます。私がかつて出席した政府の規制改革会議でもそのような質問を受けましたし、東京新聞の二〇二〇年九月二八日付の記事には絵解きが付いていて、日本型雇用の欄には「解雇規制あり」と書かれ、裁判官が「解雇ダメ」と宣告している一方、ジョブ型雇用の欄には「職務がなくなれば解雇」「能力不足でも解雇」と書かれています。典型的なステレオタイプの説明です。賛成派と反対派の両側から同じようなメッセージが発せられているだけに、そう思い込んでいる向きも多いのですが、これも八割方ウソです。どういうことでしょうか。

まず初めにジョブありきでそこに人をはめ込むという意味でのジョブ型は、日本以外の全ての社会で行われています。そのうち、たった一か国を除いた全ての国は「解雇規制あり」です。すなわち、全てのヨーロッパ諸国、大部分のアメリカ諸国、全てのアジア諸国において、正当な理由のない解雇は規制されています。どんな理由でも、あるいは理由なんかなくても解雇が自由とされているのはアメリカ合衆国だけです。確かにアメリカという国の存在感は大きいのですが、だからといって、他の全てのジョブ型の諸国を無視して、アメリカだけにしか通用しない「解雇自由」がジョブ型の特徴だなどと主張するのは、嘘偽りも甚だしいものです。アメリカ以外の全てのジョブ型の諸国と日本は、解雇規制があるという点で共通しています。いうまでもなく、解雇規制とは解雇禁止ではありません。日本もアメリカ以外のジョブ型諸国も、正当な理由のない解雇はダメだと言っているのであって、裏返していえば、正当な理由のある解雇は問題なく有効なのです。その点でも共通しています。

ただ、もしそれだけであれば、八割方ウソでは済みません。九九％ウソと言うべきところでしょう。実は、解雇については、法律で解雇をどの程度規制しているのかということだけではなく、それよりも雇用システムの在り方が大きな影響を及ぼしているのです。その意味では、ある側面に着目すれば確かにジョブ型ではより容易な解雇が、メンバーシップ型ではより困難になるという傾向はあります。ただ、これは単純化すると大間違いをしかねない点です。きちんと一つ一つ腑分けして議論をしていかなければなりません。この腑分けを怠った議論が世間に氾濫していますが、そういうのに惑わされると、物事の本質を見失うことになります。

この議論はかなり込み入っている上に、人事労務管理の他の局面とも密接に絡み合っているので、詳しい話はこの後の各論のところで展開することにしますが、結論的に言えば、日本とヨーロッパ諸国のどちらが解雇規制が厳しいか緩いかは、そう単純に答えが出る話ではないのです。

2　ジョブ型の毀誉褒貶

ジョブ型はほんとは古くさい

ここで、最近の浮ついたジョブ型論が共通に示している、ある傾向を指摘しておく必要があります。それは、ジョブ型、メンバーシップ型というのは、本来現実に存在する雇用システムを分類するための学術的概念であり、どちらが良いとか悪いとかといった価値判断とは独立のものであるにもかかわらず、あたかもこれからのあるべき姿を売り込むための商売ネタとでも心得ているかの如き態度です。日本人は明治以来、「これが新しいんだ」と言えば賞賛しているかの如く受け取る傾向が強いようですが、そういう意味で言えば、ジョブ型は全然新しくありません。むしろ、産業革命以来、先進産業社会における企業組織の基本構造は一貫してジョブ型だったのですから、戦後日本で拡大したメンバーシップ型の方がずっと新しいのです。そして、一九七〇年代後半から一九九〇年代前半までの約二〇年間、その日本独特のメンバーシップ型の雇用システムが、日本経済の競争力の源泉だとして、ことあるごとにもてはやされていたことも(今や忘れている人が多いかもしれませんが)、ほんの四半世紀前までの歴史的事実です。それが二一世紀になり、日本経済の競争力がつるべ落としのように落ちていく中で、かつて日本型システムを礼賛していた多くの評論家諸氏が掌を返したかの如く、日本型システムを批判し始めたというわけです。

ME化ではメンバーシップ型が賞賛されたが

今から三六年前の一九八五年、日本型システムへの礼賛の声が世界中を覆っていた頃、労働政策研究・研修機構(JILPT)の前身である雇用職業総合研究所がME(マイクロエレクトロニクス)と労働に関する国際シンポジウムを開催したことがあります。その基調講演で、当時雇用職業総合研究所長であった氏原正治郎はこう述べていました。「一般に技術と人間労働の組み合わせについては大別して二つの考え方があります。一つは……職務をリヂッドに細分化し、それぞれに専門の労働者を割りあてる考え方であります。いま一つは幅広い教育訓練システム、配置転換、応援等によるOJTによって、できる限り多くの職務を遂行することのできる労働者を養成し、実際にも職務範囲を拡大していく考え方であります」。ME化の下では、「第二の戦略をとることが望ましいと考えられます」。前半は、今日でも一言一句そのまま用いることのできる、雇用システムについての的確な描写です。ところがそれに続く後半は、今では全く逆向きの議論が圧倒的になっています。

当時、日本はこのMEにおいて最先進国だと言われていました。だから、日本型がいい、メンバーシップ型がいい、ジョブ型ではダメだというのが常識だったわけです。それに対して、今ではみんな口を揃えて、「IT化の下では、あるいはAI化の下では、ジョブ型が望ましい」と語っています。MEも、ITも、AIも、発展段階が進んでいるだけで、情報通信技術の産業への応用という意味では何ら変わりません。かつてMEの時代には、新商品としての日本的なメンバーシップ型がすばらしいということを一生懸命売り込んでいましたが、三六年後の今は全く逆になっています。いつも同じように新商品をいかに売るかということばかりに熱中して、肝心の議論がどこかに飛んでしまっているのです。

3　メンバーシップ型の矛盾

メンバーシップ型で誰が得をし、誰が損したか

日本的なメンバーシップ型の雇用システムは、一般的には一九六〇年代の高度成長期にほぼ確立し、一九七〇年代から一九八〇年代に最盛期を迎えたとされています。とりわけ一九八〇年代には、世界的にもこの日本型雇用システムこそが日本の圧倒的な経済的競争力の源泉であるともてはやされていました。ただ、その時期でもこのシステムをやや皮肉な目で、誰がそれで得をし、誰が損をしていたかを考えると、性と年齢でかなり差がありました。

日本型雇用で得をしていたのは若者です。これはヨーロッパ社会で暮らせばすぐに分かります。ジョブ型社会というのは、「この仕事ができる」人が優先して雇われる社会です。若者というのは定義上中高年よりも経験が乏しく技能が劣ります。それゆえに労働市場で不利益を被り、卒業してもなかなか職に就けず、失業することが多いのです。ところが日本では、仕事の能力が劣っていることが明らかな若者ほど好んで採用されます。高度成長期には金の卵とまで呼ばれて引っ張りだこでした。

それほどの人手不足の時代でも、公共職業安定所（当時は職安、現在のハローワーク）には中高年が長い列を作っていました。日本型雇用で損をするのは中高年です。いったん失業したら、技能も経験もあるのに嫌がられ、なかなか採用してもらえません。とはいえ、それは会社からこぼれ落ちてしまった場合の話です。会社にしがみついている限りは年功制を享受できていたのですから、一方的に損をしていたわけではありません。

若者といい中高年といい、暗黙のうちに想定されていたのは男性です。実のところ、日本型雇用システムにおいて一番割を食っていたのは女性です。男女雇用機会均等法（男女均等法）以前の日本企業においては、男性は新卒採用から定年退職までの長期雇用が前提であるのに対して、女性は新卒採用から結婚退職までの短期雇用が前提で、その仕事内容も男性社員の補助業務が主でした。結婚退職した後は、主婦パート以外に働く場はほとんどありませんでした。とはいえ、社内結婚でいい男をゲットできれば、その男性が正社員として働く会社の準メンバーに包括され、家族まるごと生活給で面倒を見てもらえたのですから、当時はそれを不当だと思う意識はほとんどなかったのです。

揺れ動く日本型雇用への評価

こうした日本型雇用に対する評価は、時代とともに揺れ動いてきました。一九六〇年代までは、政労使とも日本型雇用に否定的なスタンスでした。とりわけ日本経営者団体連盟（日経連）は同一労働同一賃金に基づく職務給の導入を声高に唱道していましたし、政府も国民所得倍増計画などあらゆる場面で、企業封鎖的雇用慣行や年功序列型賃金制度を批判し、欧米型の職業能力と職種に基づく近代労働市場の確立を唱えていました。

ところが一九七〇年代半ば以後、日本の経済競争力が世界を圧するようになるとともに、日本型雇用に対する肯定的な見解が一般化し、一九八〇年代にはジャパン・アズ・ナンバーワンが常識となりました。再び日本型雇用に対する否定的な考え方が登場してきたのは一九九〇年代です。もっとも、一九九五年に出された日経連の『新時代の「日本的経営」』においては、長期蓄積能力活用型という名で正社員を絞り込みつつ、雇用柔軟型という名の非正規雇用を拡大していくという戦略が示されました。これは日本型雇用の否定ではなく、その少数精鋭化であったという点が重要です。

取り残された氷河期世代

正社員が少数精鋭化するということは、それまでのように若者は誰でも正社員になれるというわけではなくなったということを意味します。後に就職氷河期と呼ばれることになるこの時期、正社員コースに入り込めなかった若者たちは、主婦パートや学生アルバイトであることを前提に家計補助的就労として最適化された非正規労働の世界に入っていくしかありませんでした。

やがて二一世紀になり、景気が徐々に回復してくると、日本型雇用を本質的には維持していた企業は、そのときの新卒の若者をかつてと同様に好んで採用しました。その結果、その少し前に正社員になり損ねた就職氷河期世代は、非正規労働に取り残されたまま、二〇〇〇年代半ばには年長フリーターと呼ばれるようになります。若い男性が正社員になれず、不安定な派遣労働者として働いたり、ネットカフェ難民として放浪しているという事態が、マスコミ等で盛んに報じられました。これが当時、格差社会論や若者論が論壇で流行した背景です。この頃の年長フリーターたちは、今では四〇代の壮年非正規労働者として社会問題であり続けています。この正規と非正規の格差問題（日本的デュアリズム）こそ、メンバーシップ型雇用社会が未だに解決できていない最大の矛盾と言えます。

サラリーマンとOLは別範疇

かつての日本企業は、幹部候補として大卒女子は採らないのが原則でした。女子事務員として採用するのは高卒・短大卒の女子であり、彼女らは結婚退職を前提として男性社員の補助業務に就く「女の子」でした。それゆえ当時は、「就職したいのなら短大へ進学しなさい。四年制大学なんかに行ったら就職できないぞ」と教え諭すのが真っ当な大人の知恵でした。そもそも男性と女性では呼び方が違いました。男性はサラリーマンであり、女性はビジネス・ガール（BG）、オフィス・レディ（OL）であって、異なる社会的範疇に属していたのです。

そこにやってきたのが男女均等です。日本政府は国際連合（国連）の女性差別撤廃条約に署名し、これを批准するために国内法を制定しなければならなくなったのです。ただ、欧米もかつては男女差別社会でした。だからこそ、男女均等が課題だったのです。ただし欧米はジョブ型差別社会でした。男性が社会的評価の高い高給のジョブを占め、女性はそこから排除されていました。それゆえに、その枠組みの中で男女均等化を進めるために、男女同一価値労働同一賃金や男性優位職へのポジティブアクションといった政策が進められたのです。ところが日本は状況が全く異なっていました。

当時の日経連の主張は、(内心はともかく)男女均等という理念自体には反対しておらず、あくまでも欧米型の男女均等政策をそのまま導入すると日本型雇用に悪影響を及ぼすおそれがあるから反対だと言っていました。そこで、女性にも男性と同じコースをたどって昇進昇格していく機会を与えること、言い換えればコースの平等が唯一の細道となりました。欧米のようなジョブの平等という政策を採らないことが最も重要なポイントだったのです。こうして、各企業は競ってコース別雇用管理を導入しました。それまでの男性はそのまま総合職となり、女性はほぼそのまま一般職となり、そしてごく僅かの女性総合職が誕生しました。彼女らはサラリーマンでもなければＯＬでもない。拠るべきモデルのない孤独な社会的範疇を形成しました。

バリキャリとマミートラックのはざま

その状況が変わるのが一九九〇年代半ば、日経連の『新時代の「日本的経営」』による人事政策の転換の時期です。正社員が少数精鋭化するということは、それまでのように若者は誰でも正社員になれるというわけではなくなるということであるとともに、それだけの能力のある女性を正社員の枠に取り込んで活用していくということでもありました。実際、それまではごく少数の総合職女性を採用してお茶を濁していた企業が、一九九〇年代半ばから女性総合職活用を本格化させていきました。これは裏側から言えば、それまで男性社員の補助的業務のために採用されていた一般職という名の雇用形態が急速に消滅していくことでもありました。当時、ある週刊誌はこれをOLビッグバン襲来と呼びました。

こうして企業の中核的な仕事を担う相当数の女性総合職が、男女均等法第二世代として一個の世代を形成していきます。彼女らは結婚出産後も総合職として働き続けることから、育休世代とも呼ばれます。いわゆるバリキャリです。しかしそこに落とし穴がありました。やる気満々だった人ほど辞めていき、そうでない人はマミートラックへ流れていくという事態が出現してきたのです。マミートラックとは、出産後の女性向けの、昇進昇格とは縁のないキャリアコースのことです。そして時間厳守するマミートラックの総合職が増えるにつれ、そのツケがそれ以外の男女正社員に降りかかってくるという事態も広がってきました。もともと長時間労働であった日本型正社員は、ますます働き過ぎの度合が高まってきています。ここにメンバーシップ型雇用社会のもう一つの矛盾が露呈していると言うべきでしょう。

日本型雇用システムは正社員の柔軟性、特に職務内容や労働時間や勤務場所の柔軟性が特徴となっており、これを無限定正社員とも言いますが、こうした諸要素を柔軟に変化させることで長期雇用をできるだけ維持しようとするシステムです。問題は、女性、とりわけ育児・介護責任を負った女性は、こうした柔軟性に対応しにくいことです。そのため、彼らはこうした無限定正社員になることができず、非正規労働者として低処遇・不安定な雇用に入っていかざるを得ませんでした。かつて正社員の多くは成人男性で、非正規労働者の多くは主婦や学生だったため、社会的な矛盾は極小化されていました。ところが、一九九〇年代以降、育児・介護といった家庭責任を負う正社員も増える一方、非正規労働者でも家計を維持しなければならない人も増えてきました。そのため、両方で矛盾が発生してきたのです。

働き方改革で矛盾は解決したか?

二〇〇九年七月に刊行した前著『新しい労働社会――雇用システムの再構築へ』では、こうしたメンバーシップ型雇用の矛盾を「第1章　働きすぎの正社員にワークライフバランスを」、「第2章　非正規労働者の本当の問題は何か?」で詳細に分析し、その改革の方向を提示しておきました。それは具体的には、(同書の節題を引用するならば)「いのちと健康を守る労働時間規制」と「均衡処遇がつくる本当の多様就業社会」を目指そうというものでした。

それから九年後の二〇一八年六月に働き方改革関連法が成立し、現在まで段階的に施行されてきています。その主な内容は、時間外労働の上限規制などの労働基準法の改正と、パートタイム労働者、有期契約労働者及び派遣労働者に係る同一労働同一賃金の法制化です。その方向性を一言でいうならば、これまでの日本型雇用システムからの脱却を目指す方向性、とりわけ日本的な柔軟性になにがしか限定を加えようというものです。

特に正社員の長時間労働の是正が最優先課題となり、時間外労働の上限設定、休息時間の導入などが盛り込まれていますし、正社員の転勤についての制約も議論されています。その一環として働く地域を限定した正社員制度の普及も主張されています。さらに働き方改革実行計画の中では、女性に限らず、病気治療中の人、育児や介護の責任を負っている人、障害者など、働き方に制約のある人々を前提とした人事管理への移行が求められています。

もう一つのテーマが、正社員と非正規労働者の隔絶した処遇に代表される日本的デュアリズムの是正です。働き方改革は同一労働同一賃金を掲げ、基本給だけでなく非正規雇用への手当、福利厚生も含んだ処遇改善が打ち出されました。こういった日本的デュアリズムの是正は、その基盤である日本的な柔軟性にも影響を与えるでしょうし、より職務内容に着目した処遇体系への移行も促進するかもしれません。

では、こうした日本政府が進めている働き方改革によって、今までの日本的な柔軟性とデュアリズムから脱却し、よりヨーロッパ社会に近い、職務内容、労働時間、勤務場所がより限定的な働き方に向かっていくことになるのでしょうか。正直言って、この問いに対しては積極的な答えをするのは難しいと思われます。それは、『新しい労働社会』でも述べたように、労働社会においてはどの部分も他の部分と深く関わりあい、一つの雇用システムをなしているからです。部分部分の改善は常に全体像を意識しながら行われなければならないのです。

そこで本書では、まず次の第1章でジョブ型とメンバーシップ型の基礎の基礎をしっかりと固めた上で、第2章以下では一つ一つの問題領域ごとに、メンバーシップ型の矛盾がどのように表れているのかを詳細に分析し、その解決の方向性を探っていきたいと思います。

第1章　ジョブ型とメンバーシップ型の基礎の基礎

本章では、ジョブ型とメンバーシップ型の認識論的基礎を、その基礎の基礎から説明していきます。ここは前著『新しい労働社会』の序章でもある程度ページ数をとって詳しく説明しているのですが、各論を展開する前提として、この部分を抜きにするわけにはいきませんので、前著をお読みの方にとっては「もうそんなことは分かっている」と言いたくなるかもしれませんが、しばらくお付き合いいただければと思います。

1　ジョブ型契約とメンバーシップ型契約

日本型雇用システムの本質は三種の神器ではない

まずジョブ型、メンバーシップ型というのは、日本型雇用システムの特質をどこに捉えるかという問題に関わります。一般的には日本型雇用システムの特徴は三種の神器であると言われています。三種の神器とは、終身雇用、年功序列、企業別組合ですが、これらはいずれも現象に過ぎません。終身雇用あるいは長期雇用といっても、アメリカは大変短期で転々としますが、ヨーロッパはそんなに流動的ではありません。ある程度、長期雇用が一般的です。だから、日本とヨーロッパは同じで何も違わないと言う人もいますが、それも全く間違いです。表面的な勤続年数などという目の付け所が間違っているのです。日本とヨーロッパは本質的には違います。しかしながら、その違いの本質は三種の神器などにはありません。ではそれは一体何であるかということをじっくり考えていくと――といっても、実は先ほど見たように、三六年前に氏原正治郎が明確に言っていることですが、その本質は職務と人間とのくっつけ方にあります。そして、職務と人間のくっつけ方とは雇用契約の性質に関わります。

これでは少し分かりにくいかも知れません。どういうことでしょうか。日本以外の社会では、労働者が遂行すべき職務(job)が雇用契約に明確に規定されます。ところが、日本では、雇用契約に職務は明記されません。あるいは、明記されるか、されないかというよりも、そもそも雇用契約上、職務が特定されていないのが普通です。どんな仕事をするか、職務に就くかというのは、使用者の命令によって定まります。これは、日本人はあまりにも当たり前だと思っていますが、私はここに日本の雇用契約、日本の雇用システムの最大の特徴があると考えています。

この点を私は、日本の雇用契約は、その都度遂行すべき特定の職務が書き込まれる空白の石板であると、その特徴を捉えました。そして、日本における雇用の本質は職務(job)ではなく、会員／成員(membership)であると規定しました。ここから、今世間で大変流行っているジョブ型、メンバーシップ型という言葉が出てきたわけです。以下、ジョブ型とメンバーシップ型がどこでどのように違ってくるかということを、やや箇条書き的に見ていきましょう。

雇用のジョブ型、メンバーシップ型

まずジョブ型というのは、職務を特定して雇用しますから、その職務に必要な人員のみを採用します。そして、その必要な人員が減少すれば雇用契約を解除する必要が出てきます。なぜかといえば、契約で職務が特定されているわけですから、その特定された職務以外の労働を命じることができないからです。だから、必要な人員が減少すれば辞めてもらう。これが一番自然な行動になります。

それに対してメンバーシップ型の場合は、職務が特定されていませんから、ある職務に必要な人員が減少しても、他の職務に異動させて雇用契約を維持することができます。あまりにも当たり前だと思っているかもしれませんが、これはジョブ型社会から見れば非常に特殊なことです。従って、他の職務への異動可能性がある限り解雇の正当性が低くなるので、ここから長期雇用慣行、あるいは終身雇用慣行が導き出されます。

賃金のジョブ型、メンバーシップ型

次に賃金ですが、ジョブ型では、契約で定める職務によって賃金が決まっています。ヒトに値札が付いているのではなくて、職務、ジョブに値札が付いているわけです。後に詳しく見ていきますが、近年労働法政策で注目されている同一労働同一賃金という言葉は、本来はこのジョブに値札が付いていることが大前提です。同じジョブなのに値段が違うのはおかしいということです。そうでないメンバーシップ型の世界で同一労働同一賃金という言葉をもてあそぶのは、大変ミスリーディングなのです。

これに対してメンバーシップ型においては、契約で職務が特定されていませんから、職務に基づいて賃金を決めることは困難です。しかも、無理に職務で賃金を決めてしまうと、高賃金の職種から低賃金の職種への異動も困難になります。例えば、難しい仕事は賃金が高く、易しい仕事は賃金が低いとしましょう。難しい仕事ができないからといって易しい仕事に替えたら賃金が下がってしまいますから、異動を嫌がるでしょう。それでは異動で雇用を維持することもできません。そこでメンバーシップ型の下では、職務と切り離したヒト基準で賃金を決めざるを得なくなります。

とはいえ、ヒト基準といっても、社長がじっとにらんで、「お前は幾らだ」というような恣意的なことをやるわけにはいきません。労働者が納得するような何らかの客観的な基準が必要になります。では、客観的な基準は何かというと、勤続年数や年齢ということにならざるを得ません。これが年功賃金制です。従って、年功制というのは、日本は長幼の序があるからといった話ではないのです。メンバーシップ型で、契約で職務が特定されておらず、賃金に何か客観的な基準が必要だから年功制になるのです。この論理的な因果関係の向きが非常に重要です。

労使関係のジョブ型、メンバーシップ型

三つ目が労使関係です。ジョブ型の社会では、団体交渉や労働協約は何を決めているかというと、職種ごとの賃金を決めているのです。従って、職種ごとの賃金を決める労働組合は、職業別あるいは産業別の労働組合でなければなりません。

ところが、メンバーシップ型の社会では、そもそも賃金が職務では決まりません。そうすると、団体交渉や労働協約は一体何を決めているのかというと、これは読者の皆さんがよくご存じの通り、企業別に総額人件費の増分を交渉しているのです。ベースアップ(略して「ベア」)という、英語とは似ても似つかぬ、訳の分からないカタカナ言葉がありますが、これは一体何かというと、企業別に総額人件費をどれだけ増やすかを決めているわけです。従って、メンバーシップ型の社会において労働組合は企業別に組織しないと回らないということになります。

2　入口と出口とその間

これらをもう少し細かく一つ一つ見ていきましょう。まず入口と出口とその間の雇用管理の仕組みです。

欠員募集と新卒採用

ジョブ型の社会では、企業がある仕事を遂行する労働者を必要とするときに、その都度採用するのが原則です。つまり募集とは基本的に全て欠員募集であり、応募とは全て具体的なポストに対する応募です。従って、その採用権限は、当然のことながら労働者を必要とする各職場の管理者にあります。英語でいうボスが採用するわけです。人事部に採用権限はありません。

これに対してメンバーシップ型の社会においては、読者の多くが経験しているように、学校から学生や生徒が卒業する年度の変わり目に、一斉に労働者として採用します。いわゆる新規学卒者一括採用(新卒採用)が日本の特徴ということになります。新卒採用が社会の主流であることを示す言葉が、中途採用という不思議な言葉です。ジョブ型社会では、全て欠員募集による採用なのですから、どんな仕事をするのかさっぱり分からない新卒採用などということは、そもそもありえません。これは、ジョブ型社会では新卒者を採用しないという意味ではありません。超エリート校の卒業生であれば、卒業証書が最強の職業資格なので、卒業と同時に採用することはありえます。しかし、それはあくまでも特定のジョブを遂行する高いスキルを持っているとみなされたがゆえに、フライングゲット的に採用されているのです。

内定が既に雇用契約のメンバーシップ型

しかし、日本的新卒採用の奇妙さはそれだけではありません。日本では非常に多くの場合、実際に仕事を開始する数か月前から内定と称する雇用契約に入ります。内定が雇用契約そのものだということは、一九七九年七月二〇日の大日本印刷事件最高裁判所判決です。民法によれば、雇用契約とは労働に従事することと報酬の支払いの交換契約のはずです。ところが、内定した人は労働に従事もしませんし、報酬も払われません。労働と報酬の交換のない雇用契約というのは訳が分かりません。本来ならこれは雇用契約ではなくて、雇用契約の予約のはずです。しかし、これは予約ではなくて雇用契約そのものだとされています。メンバーシップ型の社会においては、具体的に労働に従事したり報酬が支払われたりすることよりも、会社の一員であるという地位ないし身分を設定することの方がはるかに重要であるということを、この内定という概念が雄弁に物語っているということもできましょう。

日本において一番重要なのは、採用権限が、ある仕事をする労働者を必要とする現場の管理者ではなく、本社の人事部局にあるということです。なぜ採用権限が本社の人事部局にあるかというと、それは個々の職務の遂行ではなく、長期的なメンバーシップを付与するか否かの判断だからです。

これが日本の採用法理の根源にある考え方です。

整理解雇が最も正当なジョブ型

出口については、ジョブ型の社会においては職務がなくなるというのが最も正当な解雇理由です。アメリカは世界で唯一解雇が自由な国ですが、ヨーロッパやアジアの諸国では解雇は自由ではなく、正当な理由が必要です。ただし、経営上の理由による整理解雇は最も正当な解雇理由です。整理解雇に対しては、基本的には労使協議で解決するという考え方です。

これに対してメンバーシップ型の社会においては、労働者個人の能力や行為を理由とする普通解雇よりも、職務の消滅を理由とする整理解雇の方が厳しく制限されています。いわゆる整理解雇四要件(四要素)です。その中には、残業削減や人事異動で解雇を避ける努力義務があるために、逆に残業拒否や転勤拒否による懲戒解雇に対しては大変許容的なスタンスが生み出されます。

定期人事異動がつきもののメンバーシップ型

この入口と出口の間で、ジョブ型の社会では、そもそも他の職務に配置転換する権限などは使用者にないわけですから、基本的には同一の職務の中で上に昇進していくのが原則です。日本にごく普通にあるような定期人事異動はありません。では、他のジョブに変わることはないのかといえば、企業内外の空きポストに応募して、転職していくことはあります。この転職という概念もジョブ単位で見ますから、同じ会社の中の空いたジョブの募集に応募するのも転職だし、他の会社の空いたポストに応募して、そのポストに就いていくのも転職です。

これに対してメンバーシップ型の社会では、定期的に職務を替わっていくのが大原則です。これが定期人事異動です。これによって、日本においては特定の職務の専門家になるのではなく、企業内の様々な職務を経験して熟達していきます。何に熟達するかというと、我が社に熟達し、いわば我が社の専門家になるわけです。我が社の専門家になればなるほど、他の会社に同じジョブで転職することは難しくなります。他社の同種職務への「転社」可能性が縮小していきます。そうなると、やはり我が社の専門家になった人間は我が社で最後まで面倒を見なければならないということになります。これが定年までの雇用保障を強化する一つの要因になってきます。

素人を鍛えて育てるメンバーシップ型

その間の教育訓練の在り方ですが、ジョブ型の社会では、そもそもまずジョブディスクリプションがあって、それがちゃんと遂行できる人を採用します。そこで、その仕事ができる人かどうかを判断する基準として、その仕事に係る資格のある人、あるいは経験者を採用し、配置するのが原則です。ということは、労働者は基本的に(学校も含めて)企業外でそのジョブに向けたスキルを身につけるための教育訓練を受けていなければなりません。それで応募の際には、自分はこの教育訓練を受けて、このスキルを身につけていますと訴えることで、採用されることになります。卒業証書というのは入学段階の地頭《じあたま》の良さではなく、その学校で身につけた特定のジョブの特定のスキルを証明する書類なのです。

メンバーシップ型の社会では全く逆です。採用であろうが、異動であろうが、最初はとにかく全く未経験者をそのポストに就けることになります。ですから、最初は必ず素人です。その素人を上司や先輩が鍛えるのです。どのように鍛えるのか。実際に作業をさせながら技能を習得させていくのです。前述の氏原の言葉にあったように、ＯＪＴ(On the Job Training)が日本の教育訓練の中心になるのです。一方、素人を上司や先輩が鍛えないと物事が回っていかないということが、日本でパワーハラスメント(パワハラ)と教育訓練とがなかなか区別しにくいことの一つの原因になっています。

3　賃金制度と「能力」

値札はヒトに貼る？　椅子に貼る？

ジョブ型の賃金制度は、職務に基づく賃金制度です。ジョブに値札が付いています。比喩的に言えば、あらかじめ椅子に値札が貼ってあって、その既に値段の決まっているポストにヒトが採用されて座るのです。

それに対してメンバーシップ型は、職務に基づかない賃金制度です。座る椅子とは関係なく、ヒトに値札が貼られる仕組みです。そして、職務に基づかないがゆえに、勤続年数という客観的な基準によらざるを得なくなるわけです。ここから定期昇給制が導き出されます。定期昇給制というのは、採用後一定期間ごとに、職務に関係なく賃金が上昇するという制度です。ただし、定期昇給とは一律昇給ではありません。

終戦直後の賃金制度はまさしく一律に昇給したのですが、現在の日本の定期昇給制は決して一律に昇給するわけではありません。むしろ労働者一人ひとりを査定して、昇給幅が人によってばらついていきます。ここは非常に多くの人が誤解している点ですが、賃金分布が個別評価によって分散するという点こそが、現代日本の賃金制度の最大の特徴ということができます。

人事査定のジョブ型、メンバーシップ型

意外に思うかもしれませんが、ジョブ型の社会では、ごく一部の上澄みのエリート層の労働者を除けば、一般労働者には人事査定はないのが当たり前です。人事査定がなくてどうやって管理しているのかと思うかもしれませんが、査定は仕事に就く前の段階でやっています。まずジョブディス

クリプションがあるわけです。そこに書かれている職務をちゃんとやれるかどうかということを判定して職務に就けます。そこで技能水準を判定しているのです。その職務に値札が付いているので、それで賃金が決まります。逆にいうと、職務に就けた後は、よほどのことがない限りいちいち査定しないのがジョブ型の社会です。ここは多くの日本人が全く正反対に勘違いしているところです。

これに対してメンバーシップ型の社会は、ジョブ型とは違って、末端労働者に至るまで人事査定があります。これが他のジョブ型諸国と全く違う日本の特徴です。ジョブ型の社会でも上澄み層には査定がありますが、その査定、評価は当然のことながら業績評価です。成果の評価です。ところが、日本では末端労働者まで査定するわけですから、業績評価が簡単にできるわけはありません。しかも、素人を上司や先輩が鍛えながらやっているのを評価するわけですから、個人レベルの業績評価などナンセンスです。そういう末端のヒラ社員まで全員、評価するというメンバーシップ型の社会における評価のシステムは、業績評価よりも、むしろ中心となるのは「能力」評価と情意評価です。

「能力」という絶対に通じない概念

この「能力」評価の「能力」にかぎ括弧を付けているのは、日本における能力という言葉を外国にそのまま持っていくと全く意味が通じないからです。能力という言葉は、日本以外では、特定職務の顕在能力以外意味しません。具体的なある職務を遂行する能力のことを意味します。ところが、日本では、職務遂行能力という非常に紛らわしい、そのまま訳すと、あたかも特定のジョブを遂行する能力であるかのように見える言葉が、全くそういう意味ではなくて、潜在能力を意味する言葉になっています。それは仕方がありません。末端のヒラ社員まで評価する以上、潜在能力で評価するしかないのです。

では、外に現れたものとしては何を評価するかというと、人事労務でいう情意考課です。情意というのは、一言でいうとやる気です。やる気というのは、企業メンバーとしての忠誠心を評価しているわけですが、やる気を何で見るかといえば、一番分かりやすいのは長時間労働です。「濱口はどうも能力は高くないけど、夜中まで残って一生懸命頑張っているから、やる気だけはあるんだな」という評価をするわけです。

日本は労働時間で評価するけれども、そうではなくて成果を見るべきだ、それがジョブ型だ、という近年の訳の分からない議論のもとになっているのは、実はこれです。ジョブ型とは何か、メンバーシップ型とは何かという基礎の基礎をきちんとわきまえていると、いかにおかしな議論をしているかが分かりますが、その基礎の基礎がすっぽり抜けていると、こういうおかしな議論をやらかしながら何の疑問も持ちません。

4　対照的な労使関係

職業の組合、社員の組合

ジョブ型の社会における労働組合とは、基本的に同一職業、あるいは同一産業の労働者の利益代表組織です。従って、同一職業の労働者の利益を代表するものとして、この仕事は幾らということを決めます。それもできるだけ高く決めようとします。それが労働組合の任務です。

メンバーシップ型の社会においては、労働組合はそもそも全然性格が違います。同一企業に属するメンバー（社員）の利益代表組織です。社員の社員による社員のための組織です。ですから、やることが全く違います。

ジョブ型、とりわけヨーロッパ諸国においては、労働組合は産業レベルで団体交渉を行います。産業レベル、例えばドイツでいうと金属労組と金属産業の使用者団体との間で、鉄鋼であれ、電機であれ、自動車であれ、金属労働者を一貫して、この仕事は幾ら、この技能レベルの仕事は幾らという値付けをするのが労働組合の任務です。

しかし、労働者の利害はそれだけではありません。当然のことながら、企業レベル、あるいは事業場レベルで、いろいろ細々としたことを決めなければいけません。実は日本の企業別組合の仕事の大部分はそういうことをやっているのです。ヨーロッパでは、それをやる団体は労働組合とは別にあって、それがドイツの事業所委員会やフランスの企業委員会（マクロン政権により「社会経済委員会」に統合）などのいわゆる従業員代表組織です。

それに対してメンバーシップ型の日本においては、企業別に組織された労働組合という名の組織が、一方では団体交渉、つまり値付けをします。値付けといっても、職種の値付けではなくてヒトの値付けです。正確にいうと個々のヒトの値付けをしているわけでもありません。そして一方で、企業の中でいろいろ起こる問題を解決する労使協議も兼務しているのです。

ジョブ型社会における団体交渉とは、企業を超えた職種あるいは技能水準ごとの労働力価格の設定です。値付けです。これに対して、メンバーシップ型社会において団体交渉とは何かというと、企業の賃金総額を従業員数で割った平均賃金額の増加分（ベア）を決定します。なぜかというと、メンバーシップ型社会の労働者にとっての最大の利益がそこにあるからです。どちらも、組合員にとっての最大の利益になることを一生懸命やるのが労働組合ですが、その最大の利益の存在する場所が全然違うということです。

メンバーシップ型の場合、このベアを決めるのが団体交渉ですが、どうしても企業の支払能力によって制約されてしまいます。企業別に賃金を決めるわけですから、特定企業だけ賃金を上げるわけにはいきません。同業他社との競争条件が悪化して、市場を失うおそれがあるからです。そこで、産業レベルで一斉に賃上げをしようというのが春闘です。なぜ日本だけ春闘などというものがあるのか（あったのか）といえば、こういうメカニズムのゆえなのです。

利益の争議と家庭争議

争議行為の在り方も大変違います。ジョブ型の社会における争議行為とは、ビジネスライクな行動です。つまり、企業を超えた職種や技能水準ごとの労働力の値段を上げるために、なかなか上げない使用者団体側に対して、集団的に労務供給を停止すると言って経済的な圧力をかけること、これがストライキです。まさに経済的な行為です。争議というのは、決して逆上して怒りのあまりやるわけではありません。経済的に自らの利益を上げるためにやるのです。

日本社会においてこのようなジョブ型社会におけるストライキに一番近かったのは、かつて武見太郎会長時代の日本医師会が当時の厚生省に対して、健康保険の診療報酬を上げるためにやった保険医総辞退ではないかと思われます。そういう意味でのストライキを、日本で労働組合と名乗っている組織がやったことはほとんどありません。

では、日本の社会における争議行為というのは一体何かというと、基本的には同じ集団のメンバー間の近親憎悪的な喧嘩です。人によってはこれを家庭争議と呼ぶこともあります。日本の企業の中で行われる労働争議というのは、実は家庭争議です。家庭争議だから大変です。職場占拠、ビラ貼り、リボン闘争、あるいは有休取得闘争や残業拒否闘争、遵法闘争など、訳の分からない闘争がかつては山のようにありました。同じ仲間であるがゆえに憎み合い、血で血を洗う争いをするという世界です。しかも、やり過ぎると組合員の中の穏健派がすっと逃げていって、第二組合を作ってしまいます。これは丸山眞男の有名な言葉でいえば、まさに忠誠と反逆が表裏一体だからだろうと思われます。

今や争議行為自体がほとんど根絶に近い状態ですが、かつての労働争議華やかなりし頃における争議行為の在り方においても、ジョブ型社会とメンバーシップ型社会は大変対照的な姿を現していたのです。

5　非正規労働者と中小企業労働者

低位ジョブ型としての非正規労働者

こういう日本的なメンバーシップ型の仕組みは、しかしながら、全ての労働者に適用されるわけではありません。今や全労働者の四割近くがパートタイマー、アルバイト、契約社員、派遣社員などと呼ばれるいわゆる非正規労働者ですが、彼らは会社のメンバーシップを有しておらず、具体的な職務に基づいて、(多くの場合期間を定めた)雇用契約が結ばれます。そして労働関係の在り方を見ると、欧米やアジアなど日本以外の諸国における普通の労働者の働き方に近いのは、むしろこの非正規労働者の方です。

彼らは基本的に新卒採用という形ではなく、必要に応じて職務単位で採用されます。そしてその採用権限は、当該労働力を必要とする各職場の管理者に与えられています。世間ではそれを就「職」とは呼びませんが、就「職」活動をしていると自らも周りからも思われている新卒学生たちよりもはるかに、言葉の正確な意味で就「職」をしていると言うべきでしょう。職に就いているわけですから、職がなくなったら有期契約の雇止めという形で容易に雇用終了されますし、原則として人事異動はなく、契約の更新を繰り返しても同じ職務を続けるだけです。

彼らは賃金も職務給です。実際は職務ごとに細かく決まっているというよりは、外部労働市場の需給状況に基づき、地域最低賃金にプラスアルファする形で決まっていることが多いのですが、職務に基づかないでヒトに値札をつける年功賃金ではないという意味では、職務給だといって間違いではありません。いくら契約更新を繰り返して事実上長期勤続になっても、それに応じて定期昇給していくことはありません。正社員に対して行われている人事査定もなく、ボーナスも退職金も福利厚生もないのが普通です。もっとも、ここは近年の同一労働同一賃金政策で焦点になりつつある領域です。また最近では、時給幾らの非正規労働者にまで査定による細かな差をつけようという傾向がありますので、その意味では正社員化しつつあるのかもしれません。

彼らは多くの場合、企業別組合の組合員資格が認められておらず、整理解雇四要件の中には、正社員の雇用維持のために先に非正規労働者を雇止めすることすら規範化されていました。毎年の春闘による賃上げも正社員の賃金のみが対象で、非正規労働者の賃金は視野に入っていませんでした。そもそも、企業利益の分け前としてのベースアップという概念は、分母も分子も正社員だけが対象であって、非正規労働者の賃金はそこに含まれていなかったと言うべきでしょう。では何かといえば、できる限り抑制すべき労働コストとみなされていたのです。

非正規労働者の社会問題化

高度成長期以前は臨時工の存在が大きな社会問題でしたが、高度成長期の人手不足によってその大部分が正社員化し、代わって非正規労働者の主力は、主に家事を行っている主婦パートタイマーや、主に通学している学生アルバイトとなりました。彼らは企業へのメンバーシップよりも、主婦や学生といったアイデンティティの方が重要だったので、前述のような正社員との格差は大きな問題とはなりませんでした。

このアルバイト就労が、学校卒業後の時期にはみ出していったのがフリーターです。バブル経済崩壊後、一九九〇年代半ば以降の不況の中で、企業は新卒採用を急激に絞り込み、多くの若者が就職できないままフリーターとして労働市場にさまよい出るという事態が進行しました。フリーター化は、彼らにとっては他に選択肢のないやむを得ない進路でした。

一方、家計補助的主婦労働力として特段社会問題視されなかったパートタイマーについても、家事育児責任を主に負っている女性が家庭と両立できる働き方としてパートタイムを選択せざるを得ないにもかかわらず、そのことを理由として差別的な扱いを受けることが社会的公正に反するのではないかとの観点から、労働問題として意識されるようになりました。

高度成長期でも、正社員の夫を持たないがゆえに、自分と子どもたちの生活を支えるために働かねばならず、しかも子どもの世話をするために正社員としての働き方が難しいシングルマザーたちがいました。しかし彼女らは特殊例とみなされ、格差や貧困の問題が非正規労働を論ずる際の中心的論点になることはほとんどありませんでした。二〇〇〇年代半ばを過ぎて、ようやく格差社会という形でこれらの問題が正面から論じられるようになったのです。

ジョブもメンバーシップも薄い中小企業労働者

以上述べてきたシステムは、大企業分野において最も典型的に発達したモデルです。日本社会は、大企業と中小企業、とりわけ零細企業の間に様々な面で大きな格差のある社会ですが、雇用システムの在り方についても企業規模に対応して連続的な違いが存在します。それをよく示すのが、企業規模別の勤続年数と年齢による賃金カーブ、そして労働組合組織率です。企業規模が小さくなればなるほど、勤続年数は短くなり、賃金カーブは平べったくなり、労働組合は存在しなくなります。つまり、大企業から、中堅、中小、零細と、規模が小さくなるほど、日本型雇用システムの本質としてのメンバーシップ性が希薄になっていきます。

企業規模が小さければ小さいほど、企業の中に用意される職務の数は少なくなりますし、職場も一か所だけということが普通になります。そうすると、いかに雇用契約で限定していなくても、実際には職務や勤務場所は限定されることになります。また、中小企業ほど景気変動による影響を強く受けやすいですし、その場合、雇用を維持する能力も弱いですから、失業することもそれほど例外的な現象ではなく、そのため地域的な外部労働市場がそれなりに存在感を持っています。その意味では、企業規模が小さくなればなるほど、正社員といっても非正規労働者とあまり変わらなくなるのです。名ばかり正社員という言葉がありますが、もともと零細企業の正社員は大企業の正社員と比べれば名ばかりであったのです。

しかし、このような在り方をジョブ型と表現するのは正確ではありません。むしろ、中小企業ほど労働者の職務範囲は不明確で、社長の一言でいくらでも変わることがありますし、賃金基準も曖昧です。労働時間に関しては下請企業として親会社の都合に合わせなければならないこともあり、むしろ長時間労働が強いられがちです。総じて、大企業型の安定したメンバーシップとは異なりますが、ある種の濃厚な人間関係によって組織が動くことが多いのです。

6　法律と判例の複雑な関係

日本の実定法は実はジョブ型

ここからいささかややこしい話になってきます。ここまでは実態論です。日本の社会の実態は欧米のジョブ型に対してメンバーシップ型であり、具体的にどう違うかということを述べてきました。ところが、日本国の基本的法制である民法は、雇用契約を労働に従事することと報酬を支払うことを対価とする債権契約と定義しています。民法の債権各論に売買、請負、委任などと並んで雇用があります。だから、労働者は企業の取引相手です。

これは法律家にとっては当たり前の話です。民法学の第一人者であった星野英一の教科書『民法概論 I（序論・総則）』（良書普及会、一九七一年）には、「法人に雇われている者は、私法上は法人の構成員でない。日常、会社の「社員」だ、などというが、私法上の「社員」ではなく、民法上は「労務者」にすぎない。」、とちゃんと書いてありました。法学部に行くとそういう勉強をします。法学部の試験で労働者のことを社員と書くと、勉強が足りないと叱られます。

六法全書で社員という言葉が出てくるのは商法（会社法）です。有限責任社員、無限責任社員という言葉があります。株式会社では、この有限責任社員のことを株主と呼んでいますから、社員が集まったら株主総会であって、株主総会以外に社員がいたら本当はおかしいのです。

そういうことを言うと、それは民法や商法の話だ、お前は労働法を知らないのだろう、民法を修正しているのが労働法だ、と言う人がいます。確かに労働法は民法を修正していますが、どこを修正しているのかというと、少なくとも労働組合法や労働基準法といった古典的な労働法は、企業と労働者は取引相手であるという民法の枠組みを大前提にした上で、その雇用契約の内容に最低限の公的規制を加えたり(労働基準法等)、取引相手である労働者にカルテルを認めたり(労働組合法)しているだけです。そもそも労働組合とは、企業と取引関係にある労働力を販売する業者のカルテルです。従って、労働者のカルテルである労働組合は独占禁止法の例外なのです。

労働組合はカルテルである

何を言っているのか全く理解できない人が多いでしょうね。アメリカでは一九世紀から二〇世紀にかけての時期、シャーマン反トラスト法(独占禁止法)が労働組合に適用されて、労働組合はカルテルだとして片っ端から摘発されました。それに対して、労働運動を適用除外させるための立法闘争を一生懸命やったのが、アメリカ労働総同盟(ＡＦＬ)の創始者であるサミュエル・ゴンパーズです。彼のスローガンが「労働は商品ではない」という言葉です。この言葉は、まさに労働者のカルテルをシャーマン反トラスト法で摘発するのをやめさせるためのロジックです。これがＩＬＯ憲章に入り、世界に広がりました。

ところが、今の日本で労働は商品でないと言えば、全く逆の意味にとられてしまいます。労働者は会社のメンバーなのだから商品扱いするのはけしからん、という意味になってしまいます。これを、その言葉を創り出したゴンパーズが聞いたら、頭を抱えてしまうでしょう。

いずれにしても、労働組合法や労働基準法といった古典的労働法は、企業と労働者は取引相手であり、労働者はいかなる意味でも会社のメンバーではないということを大前提に作られているのです。

裁判所がメンバーシップ型の社会規範に合わせてきた

ところが、法律は欧米と全く同じジョブ型でできているとはいえ、実際の日本の雇用システムは、それとは全く逆の仕組みになっています。つまり、日本の雇用システムと日本の労働法制の間にはものすごく大きな隙間が空いているのです。これは何かで埋めなければいけません。この隙間を埋めてきたのが裁判所の累次の判決であり、それが積み重なって形成されてきた判例法理です。他の法律分野に比べても、日本の労働法においては判例が大事だ、あるいは判例が全てだと言われるのはなぜかというと、今は労働契約法ができたので少し違いますが、労働契約法ができるまでの六法全書に載っている実定労働法だけ見たのでは、現実の労働法の姿が全然分からないからです。現実の労働法の姿を知るためには六法全書ではなく、判例集を見なければいけないのです。

　この判例法理というのは、民法第一条第二項、第三項に載っている信義則や権利濫用法理といった法の一般原則をフルに駆使することで、ジョブ型の法体系をメンバーシップ型社会の現実に適応させてきたものです。一言でいうと、司法による事実上の立法です。本来、民法の世界で権利濫用法理というのは、富山県の宇奈月温泉事件(大審院判決一九三五年一〇月五日)や山梨県の信玄公旗掛松事件(大審院判決一九一九年三月三日)など、法律の筋論だけではうまくいかないのをなんとか回すために例外的に持ち出してくるものですが、労働法の世界における権利濫用法理というのは、本来の原則と全く一八〇度違うものを常に使うために持ってくるものになっています。よほどのことがない限り常に使われるものを権利濫用法理と言うのは、それこそ権利濫用法理の濫用ではないかとも思われますが、それを使わないと日本型雇用システムと実定労働法という一八〇度違うものの間の隙間を埋めることはできなかったのです。

　この判例法理が数十年間にわたって積み重なり、日本の労働社会を規律する原則は、決して六法全書上の条文ではなく、判決文に表れた現実社会の規範だということになっていきました。やがて二一世紀になり、その積み重なった判例法理の一部が労働契約法という形で実定法化し、六法全書に載ってきました。日本の労働法はそういう大変複雑怪奇な姿になっているのです。

第2章　入口と出口

一　入口——就職と採用

1　採用の自由と採用差別禁止

ジョブ型社会の入口問題

改めてジョブ型雇用の扇の要、最重要ポイントでありながら、圧倒的に多くの特殊日本的ジョブ型論者から見事にスルーされている入口——就職と採用の問題を取り上げて考えましょう。基礎の基礎で述べたことの復習になりますが、ジョブ型社会では、企業がある仕事を遂行する労働者を必要とするときに、その都度採用するのが原則です。つまり募集とは基本的に全て欠員募集であり、応募とは全て具体的なポストに対する応募です。

外国で出された人事労務管理の教科書や経済学的分析を見れば、その冒頭に出てくるトピックは必ず募集・採用であり、そこに出てくる設例は全て具体的なポストについて、応募してきた複数の応募者のどちらを採用することが適切であるかという形で構成されていることが分かります。経済学の教科書であれば、当該ポストに最も適切なスキルを有する労働者を採用することが合理的であり、企業は当然それを目指しているけれども、労働市場における情報の非対称性のゆえにそれは必ずしも容易ではなく、結果として不適切な方の労働者(労働経済学でいう「レモン」)を選択をしてしまう可能性があることが、問題として設定されることになります。

ジョブ型社会における採用差別禁止の意味

一方、労働法の観点から採用の問題が取り上げられるときには、その論点はほとんど採用差別の問題になります。人種や性別といった労働者本人の本質的属性を理由として採用されないことが差別になるという問題です。これは、市場社会の基本原理である採用の自由という大原則に対する大きな修正です。なぜそのような原理的修正が認められているのか、ジョブ型社会の基礎の基礎に立ち返って考えていきましょう。

ジョブ型社会において、採用とはどういうことでしょうか。それは企業の中のある特定の職務に、それにふさわしい労働者を当てはめることです。最初にジョブがあり、そのジョブに企業内外からふさわしい人を持ってきてはめこむのです。これが大原則です。そのジョブに一番適合するのは誰かということで、応募者が並んでいます。そのときに、そのジョブを遂行するスキルが一番高い人がいるにもかかわらず、その一番適合する人の持っている属性——人種、性別、年齢、障害、あるいは最近であれば性的指向、そういった諸々の属性に対する差別感情から採用を拒否することに対しては、合理性がないとして公共政策の観点から禁止するのです。これがジョブ型社会の差別禁止の一丁目一番地です。

この問題は、アメリカで一九六四年に制定された公民権法に始まり、その後世界中に広まっていきました。国連の人種差別撤廃条約や女性差別撤廃条約が及ぼした影響も大きいものがあります。この雇用差別の問題は、特に男女差別の問題を中心に日本でもそれなりに議論されてきているはずだと思われていますが、実はそこには大きな欠落があります。それは、採用段階における個別労働者の属性による差別という問題設定が事実上欠落していることです。

日本人が理解していない差別禁止の意味

日本でも女性差別撤廃条約を批准するために、一九八五年に男女均等法が制定されました。これは差別を禁止しない努力義務法に過ぎませんでしたが、一九九七年には全面改正され、今では入口の募集・採用から出口の定年・退職・解雇まで、その間の配置・昇進、教育訓練、福利厚生に至るまで基本的に全ての雇用ステージにおける男女差別が禁止されています。そして、入口以外の局面については、「私は女性であるがゆえに差別された!」と訴えるケースが少なくありません。ところが、募集・採用の局面はほとんど登場してきません。法律上はそこもちゃんと差別禁止の対象として明記されているにもかかわらず、そこが問題として取り上げられることは極めて稀です。

男女均等法ができて三六年経ちますが、差別禁止とは一体どういうことであるかということを、本当の意味で日本人は理解していません。差別禁止というのは合理性がない差別は禁止すべきという判断です。何ゆえに合理性がないかというと、ジョブ型社会の採用の原理、当該ジョブに最も適合するスキルを有する者を採用すべきという原則に反するからです。従って、ジョブ型でない日本社会においては、差別禁止というのは合理性という観点からの公共政策としての禁止だということが、本当の意味で胸にすとんと落ちていないのです。なぜいけないのかが分かっていないのです。

ジョブ型社会では差別禁止の最重要分野である募集・採用が、日本では形式的には差別禁止の対象に含まれているけれども実質的にはまともに議論の対象にすらならないのはなぜか。それは、日本のメンバーシップ型に適合した日本型採用法理があるからです。

日本型採用法理は市場社会の大原則ではない

この日本型採用法理については、往々にして誤解があります。日本の採用に関する最高裁判所の判例法理は、市場社会の大原則をそのまま確認したものだと思っている人が、研究者の中にもいるのです。しかしそうではありません。確かに契約相手の選択の自由は市場社会の基本原理です。そのことに疑いはありません。しかしながら、右で見たように、日本以外のジョブ型社会においては、その大原則は属性による差別の禁止というさらに上位の原理によって大幅に修正されているのです。今日においても採用差別を差別として問題化することを困難にしている日本型採用法理とは、決して市場社会の原理がそのまま維持されているものではなく、むしろジョブ型社会で採用差別を不合理と判断する根拠となっている採用の在り方とは全く異なる、メンバーシップ型社会特有の採用の在り方がもたらしているものなのです。

なぜ日本型雇用システムにおいては採用差別という概念が成立しにくいのかを明確に示している、今日においても大きな存在感をもって維持され続けている最高裁判所のある判決の文章を読んでみましょう。これは、学生運動に従事していたことを隠して採用された新卒労働者が試用期間満了時に本採用を拒否された事案について、信条を理由として雇入れを拒否することを違法でもなければ公序良俗違反でもないと容認した三菱樹脂事件最高裁判決(一九七三年一二月一二日)です。

> 企業者において、その雇傭する労働者が当該企業の中でその円滑な運営の妨げとなるような行動、態度に出るおそれのある者でないかどうかに大きな関心を抱き、(中略)思想等の調査を行なうことは、企業における雇傭関係が、単なる物理的労働力の提供の関係を超えて、一種の継続的な人間関係として相互信頼を要請するところが少なくなく、わが国におけるようにいわゆる終身雇傭制が行なわれている社会では一層そうであることにかんがみるときは、企業活動としての合理性を欠くものということはできない。

これは日本における広範な採用の自由を認めた先例であり、その後の裁判は全てこの枠組みの中にあります。ここに表れているのは、特定のジョブに係る労働従事と報酬支払いの債権契約ではありえないような、メンバーシップ型労働社会における採用の位置付けです。それは、新卒採用から定年退職までの数十年間同じ会社のメンバーとして過ごす仲間を選抜することであり、その観点から労働者の有するスキルとは直接関係のない属性によって差別することは当然視されるわけです。

ジョブ型で採用の自由を捨てる覚悟はあるのか？

これが全てのことに関わってきます。この点を多くの人は理解していません。ジョブ型にするというのは、生易しい話ではありません。ジョブ型と軽々しく言っている人たちには、この日本型の採用の自由を捨てるという覚悟が本当にあるのでしょうか。つまり、採用判断の是非はそのジョブに適合する人を就けるという観点でのみ判断されるという事態を受け入れるつもりなのか、ということです。このジョブを遂行するためのスキルがこの程度あるからこの人を採用します、この人はそのスキルがこれだけしかないから採用しません。何か問題が起こったら、そのように説明しなければいけないのです。ジョブ型にするというのはそういうことだという覚悟が、本当にあるのでしょうか。おそらく今、日本でジョブ型をもてはやしている人の中に、ただの一人としてそんな覚悟のある人がいるとは思えません。ここは日本の中で、一番理解されていないところではないかと思います。

2　試用期間の意味

試用期間だから問題になり得た

これほど大きな意味を持つ三菱樹脂事件最高裁判決ですが、実は厳密にいえばこれは採用の局面における差別というよりも、試用期間満了時の本採用拒否における差別の事案です。逆にいえば、試用期間とはいえ既に雇用契約に入っていた者について、その雇用契約を解除するという積極的行為に出た事案であったから、ここまで問題として持ち出すことが可能であったとも言えます。いわば、ジョブ型社会で特定のジョブに応募してきた複数の労働者のうちの一人であるのと同様に、不採用（本採用拒否）の不合理性を提起することが可能になる程度にまで達していたということでしょう。

本件の原告が被告会社の新卒採用の募集に応募したときに、学生運動に従事していたことを隠さずに伝えていて、そんな奴採用できるかとばかりに不採用になっていれば、そもそも裁判の起こしようすらなかったでしょう。彼の雰囲気が会社の文化に合わないと感じた、と言えば、それ以上追及のしようがありません。会社の中のどの仕事に就けられるか、入社式の日になるまでさっぱり分からないような新卒採用の世界において、採用差別というジョブ型社会では最も典型的な差別類型が、最も持ち出しにくい類型になってしまう理由がここにあります。

ジョブ型社会の試用期間

さて、改めて誰もが疑問を感じていないことに突っ込みますが、ここで出てきた試用期間とは一体何でしょうか。日本の多くの企業は採用時に試用期間というのをつけることが多いですが、一体その意味はどこにあるのでしょうか。それは、間違ってうっかり採用してしまった不適当な労働者を、実際に働いている姿を観察して、これは失敗だったと反省して、面倒なく雇用契約を解除するために、あらかじめ設定してある解除条件付きの期間だという説明になります。しかし、問題は何が不適当だと判断するのかということです。前掲の三菱樹脂事件では、学生時代に学生運動に従事していたことがばれたことだったわけですが、では、試用期間中の仕事の出来不出来というのは本採用拒否の正当な理由になるのでしょうか。

ジョブ型社会では当然そうなります。というより、それ以外は本採用拒否の理由になりようがありません。そもそも、特定のジョブにそれを遂行できると称する応募者を当てはめるのが採用なのですが、とはいえ職業資格や職業経歴から適切と判断した人が、実際にその仕事をやらしてみたら全然ものにならない奴だったということは、世界中どこでも起こりうることです。そして、一旦採用してしまったら、アメリカという特殊例を除いてどの国でも正当な理由がなければ解雇できないという規制がかかってきてしまいます。

そこで、そういう事態にうまく対処するために、まだ実際の仕事ぶりが分からないときに採用してしまった人を、仕事ぶりを確認した上で簡単に解雇できるような特別なルートを作っておくことが必要になります。それが本来の、世界共通の意味での試用期間です。

メンバーシップ型社会の試用期間

ところが、そういう普遍的な意味での試用期間というのは、日本のメンバーシップ型社会ではそもそも機能のしようがありません。なぜなら、既に述べたように、採用であろうが、異動であろうが、最初はとにかく全くの未経験者をそのポストに就けるからです。最初は必ず素人です。そのど素人を上司や先輩が鍛えるのです。どのように鍛えるのかといえば、ＯＪＴにより実際に作業をさせながら技能を習得させていくのです。試用期間中というのは、まさにずぶの素人が、上司や先輩にぶん殴られながら必死で仕事を覚え、少しずつできるようになっていくプロセスの期間そのものです。

仕事ができないのは当たり前であり、それをできるようにするのが上司や先輩の責任です。では本人に責任を問えることは何かといえば、ずぶの素人を上司や先輩が一生懸命教育訓練してできるようにしてあげようとしているのに、それに応えて必死に努力してできるようになろうとしないこと、一言でいえばやる気のないことです。やる気、日本独特のヒラ社員用の最重要評価項目であるやる気が出てきました。

仕事ができないのは仕方がないけれども、やる気がないのは許されないという、メンバーシップ型社会独特のこの規範意識が、労働者を否応なく長時間労働に導いていくことになるのは見やすい道理です。試用期間は何のためにあるのか？　できますと言っていたのに仕事のできない食わせ者を排除するためにあるジョブ型社会と、やる気のない奴は排除するぞと脅して過重労働に誘導するためにあるメンバーシップ型社会とでは、その位置付けが全く正反対であることが分かります。

3　学歴詐称の意味

低学歴詐称は懲戒解雇に値するが

採用に当たり学歴詐称が問題になることは洋の東西を問いません。ただし、欧米のジョブ型社会で学歴詐称といえば、低学歴者が高学歴を詐称することに決まっています。学歴とは高い資格を要するジョブに採用されるのに必要な職業能力を示すものとみなされているからです。ところが日本では、高学歴者が低学歴を詐称して採用されたことが問題になるのです。

新左翼運動で大学を中退した者が高卒と称してプレス工に応募し採用され、その後経歴詐称を理由に懲戒解雇された炭研精工事件（一九九一年九月一九日最高裁判決）では、「雇用関係は労働力の給付を中核としながらも、労働者と使用者との相互の信頼関係に基礎を置く継続的な契約関係」であるから、使用者が「その労働力評価に直接関わる事項ばかりでなく、当該企業あるいは職場への適応性、貢献意欲、企業の信用の保持等企業秩序の維持に関係する事項についても必要かつ合理的な範囲で申告を求めた場合には、労働者は、信義則上、真実を告知する義務を負」い、「最終学歴は、……単に労働力評価に関わるだけではなく、被控訴会社の企業秩序の維持にも関係する事項」であるとして、懲戒解雇を認めています。大学中退は企業メンバーとしての資質を疑わせる重要な情報だということなのでしょう。

高学歴詐称は雇止めにも値しない

これに対して、万国共通の高学歴詐称に対しては日本の裁判所は寛容です。一九九三年五月二〇日の中部共石油送事件名古屋地裁判決では、税理士資格や中央大学商学部卒業を詐称して採用された者の雇止めに対して、それによって「担当していた債務者の事務遂行に重大な障害を与えたことを認めるに足りる疎明資料がない」ので、「自己の経歴について虚偽を述べた事実があるとしても、それが解雇事由に該当するほど重大なものとは未だいえない」としています。高学歴者が低学歴を詐称することは懲戒解雇に値するが、低学歴者が高学歴を詐称することは雇止めにも値しないという発想は、欧米ジョブ型社会では理解しにくいでしょう。

この彼我で正反対の学歴感覚を象徴するのが学歴差別という奇妙な言葉でしょう。人種・性別など様々な採用差別に厳格なジョブ型社会でほぼ唯一正当な選抜基準である学歴が、それらの差別に対して極めて鈍感な日本ではなぜか最も許しがたい差別基準として社会的糾弾の対象となるのです。

4　入口の年齢差別禁止法

年齢差別禁止法はあるけれど

さて、これほど強力な日本型採用法理がある中で、ジョブ型社会かと見紛うような募集・採用に関する差別禁止法制が存在しています。労働施策総合推進法第九条は「事業主は、労働者がその有する能力を有効に発揮するために必要であると認められるときとして厚生労働省令で定めるときは、労働者の募集及び採用について、厚生労働省令で定めるところにより、その年齢にかかわりなく均等な機会を与えなければならない」と規定しているのです。素直にこれを読めば、日本社会では若者だけ好んで採用することは許されないはずですが、おそらく一部の関係者を除けば、こんな法律があることすら全く知らない人が大多数でしょう。

こんな法律があるのに、新卒採用なんかしていて大丈夫なのか、と思うかもしれませんが、「厚生労働省令で定めるところ」にちゃんと「長期間の継続勤務による職務に必要な能力の開発及び向上を図ることを目的として、青少年その他特定の年齢を下回る労働者の募集及び採用を行うとき(学卒者を正社員として採用する場合に限る)」というのが含まれています。メンバーシップ型社会の主流には影響を及ぼさないようになっているのです。年齢制限が禁止されるのは中途採用の場合ですが、それでもいくつか例外規定があります。そして多くの人々にとっては、せいぜい求人広告を出す際に、年齢制限はまずいですよと言われて、表面的には何歳でも歓迎であるかのように繕ったときに気がつく程度でしょう。その意味では究極のザル法といえます。

究極のザル法になる理由

なぜこんなザル法が作られたのかといえば、この規定が設けられた二〇〇七年当時は就職氷河期世代が年長フリーターと呼ばれ、景気が回復する中でより若い世代がすいすい新卒就職していくのを横目に、彼らがいつまでも非正規雇用に滞留していることが大きな社会問題となっていたからです。当時の第一次安倍晋三政権は「再チャレンジ」政策を旗印に掲げており、その一環として入口の年齢差別禁止立法に踏み切ったというわけです。

なぜこれがザル法にならざるを得ないのかといえば、入口の新卒採用から出口の定年退職まで、日本型雇用システムにおける人事労務管理は基本的に年齢に基づくものになっているからです。ヒト基準による年功賃金制も、ほとんどは勤続年数にリンクしており、制度的に年齢そのものにリンクしているものはあまりないでしょうが、入口が新卒採用に統一されているならば両者はほぼ一致します。昇進もヒトによって差をつけながらほぼ年相応に昇進させていくのが普通なので、年長の新人が入ってくるのは何かと困るのです。人事労務管理を全面的に年齢に依拠している日本企業に対して、入口だけ年齢差別をやめろと口先で言ってみたところで、紙の上だけの規制になってしまうことは見やすい道理でしょう。

5　周縁地帯の中途採用

職業安定法はジョブ型の法律だが

繰り返しになりますが、終戦直後に作られた古典的労働法は、欧米諸国と共通のジョブ型モデルで構築されています。労働組合法や労働基準法と並んで、もう一つの労働法分野である労働市場法制の基本法である職業安定法もそのことに変わりはありません。

多くの人が気にも留めていませんが、職業安定法は職業の安定法であり、職業紹介とは職業の紹介です。この職業とはジョブのことです。会社という意味ではありません。ジョブに当てはめるべきヒトを紹介するのが（裏返していえば、当てはまるべきヒトにジョブを紹介するのが）職業紹介事業なのです。ややもすると、勝手に脳内で職業を会社と変換して理解している向きもありますが、少なくとも日本国の職業安定法の規定ぶりはジョブ型そのものです。

法制定以来、労働省はジョブ型社会のあるべき姿に則り、職務分析に熱心に取り組んできました。一九四七年からGHQの指示により職務分析を開始し、一九四八年からこれに基づく職務解説書を刊行し、最終的には一七三冊となりました。この職務解説書をまとめる形で一九五三年、三万四〇〇〇職業を収載した『職業辞典』を刊行しています。一九六九年に雇用促進事業団に職業研究所が設立されると、職業に関する研究は同研究所に引き継がれ、累次にわたって『職業ハンドブック』を刊行しました。やがてその後身のJILPTがアメリカの職業情報サイトO*NETに倣って、キャリアマトリックスというデータベースを作成運用するところまできていました。

上級国民はハローワークを使わない

ところが二〇一〇年一〇月、民主党政権の目玉商品として宣伝されたいわゆる事業仕分けの第三弾として、キャリアマトリックスが廃止と判定されてしまいました。仕分け人全員一致の廃止判定です。ちなみに同じ雇用関係では、ジョブ・カード事業も廃止判定される一方、雇用調整助成金だけは断固維持することとされました。事業仕分けに関わるような人々は大企業正社員型のメンバーシップの中で育てられてきた人が多いでしょうから、自分や自分周辺の素朴な発想で仕分けをすればこういう結論になることは不思議ではありません。とはいえ、これらジョブ型施策をやめれば、メンバーシップ型モデルが拡大するというような社会ビジョンに基づいて仕分けたわけでもなさそうです。むしろ社会全体としては、グローバル競争の中で企業も今までのような生ぬるいやり方ではなく、少数精鋭でいかなければならないというような考え方が強調される一方で、そこからこぼれ落ちる人々のための外部労働市場型の仕組みにはなぜかメンバーシップ的感覚から批判が集中するという矛盾した現象の中に、現在日本の姿が凝縮的に表れているのかも知れません。

考えてみれば、事業仕分けを担当するような上級の人生を歩んできた人々は、今までハローワークなど使ったこともない人が多いのではないでしょうか。新卒採用で会社に入社し、様々な仕事を経験しながら昇進していって定年退職するというメンバーシップ型社会の標準的職業人生コースを歩んでいけば、ハローワークなどに関わる余地はないのでしょう。二〇二〇年三月から再び、日本版O-NETと称する職業情報提供サイトが厚生労働省主導で運営されるようになりましたが、社会の上層部になればなるほどジョブ型感覚が希薄になるという日本社会のありよう自体には、今もなお特段の変化はなさそうです。

中途採用の情報公表

そういう中で、ときどきいささか観念的な形でジョブ型志向の政策が唐突に打ち出されることがあります。前述の年齢差別禁止規定もそうですが、最近では二〇二〇年三月の労働施策総合推進法改正による中途採用に関する情報公表の義務付け（第二七条の二）が典型的です。これにより、大企業は毎年直近三事業年度における正規雇用労働者の採用者数に占める正規雇用労働者の中途採用者数の割合を公表しなければならないこととなりました。

これは、もとになった成長戦略実行計画によれば、「大企業に伝統的に残る新卒一括採用中心の採用制度の必要な見直しを図ると同時に、通年採用による中途採用・経験者採用の拡大を図る」ことが目的だとされています。ジョブ型社会であればそもそも新卒一括採用などというものはなく、（たまたま新卒者であったとしても）全てが中途採用であるわけですから、ある意味大変素直にジョブ型志向の政策であることは間違いありません。

しかし同時に、現実の日本の労働市場においては、圧倒的多数の中小企業においては出たり入ったりの中途採用がごく当たり前の日常であり、こうやってわざわざ公表を義務付けなければならないくらい世に稀な良いことであるという前提の法制度は、いささか観念的との印象を免れません。実際、労働政策審議会では中小企業では中途採用が中心だという指摘がなされ、その結果義務付けの対象が大企業に限られることになりました。この立法経緯を見ても、大企業正社員型のメンバーシップの中で育てられてきた人の思い付きで政策が進められる傾向が強まってきていることが窺われます。

日本の中途採用

そもそも、日本の中途採用は必ずしもジョブ型というわけでもありません。もちろん、ジョブ型採用(特定のジョブに当てはめるべきヒトを採用)としての性格も有すると言えます。世間で即戦力採用などといわれるのは、この側面に着目してでしょう。しかし、中途採用といえども、後から入ってきた仲間の選抜としての性格は濃厚にあります。別段職務限定ではなく、中途採用後の配置転換が否定されているわけではないからです。それゆえ、即戦力としてのスキルとともに、仲間としての「能力」も重要なのです。

なお、ジョブ型社会でも別に出たり入ったりを繰り返すことが望ましいと思われているわけでもありません。ジョブ型社会の本質は、ジョブにヒトがはめ込まれるという点にあるのであって、うまくジョブにはまったヒトがよほどのことがない限り長期勤続することは決して悪い話ではないのです。同じジョブ型社会でも、転がる石に苔がつかないのは、アメリカではいいことですが、ヨーロッパではいいことではないのです。その意味で、この中途採用の情報公表という法政策は、あまりにも表面的な労働移動という側面にのみ着目し、本質を見失った政策と言わざるを得ないように思われます。

ジョブとメンバーシップのはざまの民営職業紹介事業

日本における民営職業紹介事業は、中途採用の手助けをするのがその主たる役割です。従って、日本社会においては本質的に周辺的、非主流的なジョブ型ビジネスにならざるを得ません。しかしながら前述のように、日本の中途採用は純粋なジョブ型採用ではなく、仲間を選抜するメンバーシップ型採用でもあるため、そのビジネスモデルは、顧客会社の風土、文化、空気といった非ジョブ的な要素も考慮したものとならざるを得ないという面もあります。

いわば、主流のメンバーシップ型と非主流のジョブ型のはざまで両方に目配りしながら、外部労働市場から内部労働市場への移行という微妙なステージで、即戦力としての価値と仲間としての価値の総計を極大化するという無理難題を日々こなしている隙間ビジネスと評することができるでしょう。

もっともこれは、社員の中途採用中心の人材協(日本人材紹介事業協会)型の職業紹介事業ビジネスモデルについての話です。同じ民営職業紹介事業といっても、民紹協(全国民営職業紹介事業協会)型は、本質的には労働者派遣事業や業務処理請負事業と類似の純粋ジョブ型ビジネスであり、仲間選抜機能は乏しいと言えます。

一方、新卒予定の学生向けの就職情報産業は、メンバーシップ型に特化し、ジョブのスキルなど何の関係もなく、もっぱら「シューカツ」のための人間力、コミュニケーション能力に注力しています。メンバーシップ型に最適化された人材生産・供給産業である大学等の教育機関も、ジョブのスキルなどよりも「シューカツ」力の向上に余念がありません。大学のキャリアセンターのやっている業務を見れば一目瞭然です。

二 入口以前の世界

1 教育と職業の密接な無関係

教育訓練のジョブ型、メンバーシップ型

雇用契約におけるジョブ型とメンバーシップ型は、企業外の公的私的教育訓練システムと企業内教育訓練システムに対応します。

雇用契約が具体的な職務を特定して締結するものであるならば、労働者は雇い入れられる前に当該職務についての一定の教育訓練を受けていることが前提になります。徒弟制が存在しないならば、そのような教育訓練を付与するものは学校を含む公的ないし私的な教育訓練機関以外にはありませ

ん。労働者が行う労働の価値は、基本的には就職前に教育訓練を受けた職務によって定まり、後は技能の高まりに応じて各職務ごとに上昇していくことになります。

企業内に当該職務が必要でなくなれば労働者は解雇されることになりますが、その場合労働者はその職務を必要とする別の企業に雇われるか、企業外の公的私的な教育訓練を受けて新たな技能を身につけた上で、その技能を活用できる企業に雇い入れられることになります。

それに対して、雇用契約が特定の職務と対応しないメンバーシップ契約であるならば、労働者が雇い入れられる前に特定の職務についての教育訓練を受けていることを要求するのは困難です。職務は企業の命令によって決まるのですから、その職務を遂行できるように教育訓練するのは企業の責務ということになりますし、労働者の側はそれを受け入れなければなりません。定期人事異動とローテーションによって、業務命令で仕事をすることが同時にOJTとして教育訓練になっているという仕組みは、この意味で大変効率的でした。一方、企業の事業内容が大きく変化していっても、必要な技能がないという理由で労働者を解雇することは簡単には許されないので、企業は労働者を企業内で教育訓練して使えるようにする責務があります。

職業的レリバンスの欠如した教育システム

もちろん日本にも中等教育機関として職業高校がありますし、高等教育機関としての大学も(自己認識はともかく）職業教育機関としての性格があります。しかしながら、とりわけ高度成長期以後の日本社会においては、学校教育における評価基準が一般学術教育に偏し、職業という観点が軽視されてきました。

教育社会学者の本田由紀は、日本の教育システムの最大の問題点をその職業的レリバンス（意義）の欠如に求めています（『若者と仕事』東京大学出版会、二〇〇五年）。教育に職業的レリバンスがないというのは、学校で学んだ教育内容が就職後の職業生活にほとんど意義を有していないということです。若者自身の主観的な評価においても、また団塊の世代を対象にした職業的自律性に関する客観的な評価においても、学校教育は職業キャリアにほとんど影響を与えていないのです。

といえば、日本は名にし負う学歴社会ではなかったのか？との疑問が湧いてくるでしょう。あんなに学歴差別が糾弾されているではないか、と。もちろん、学校教育は職業キャリアに大きな影響を与えています。ただし影響を与えているのは、教育内容ではなく学校の偏差値です。その学校で何をどれだけ学んだかではなく、その学校に入る段階の学業成績が重要なのです。就職の際に企業が若者に求めるのは、その企業で使える技能を学校で身につけてきたかどうかではなく、その企業で一から厳しく訓練するのに耐えられる素材かどうか（官能性）なのです。これを私は「教育と職業の密接な無関係」と呼んでいます。

かつては職業教育を重視していたが

戦後日本はなぜそのような仕組みになったのでしょうか。実は、ある時期までは公的教育訓練システムを中心に置く政策構想が政府や経営者サイドから繰り返し打ち出されていました。これは賃金制度論において同一労働同一賃金に基づく職務給制度が唱道されたのと軌を一にしています。

一九五〇年代、政府の審議会は、普通教育偏重をやめ職業教育を重視するよう繰り返し訴えていました。日経連もこの時期、普通課程の高校はできる限り圧縮して工業高校の拡充を図ることや、五年制の職業専門大学(これは高等専門学校として実現)や六年制職業教育の高校制を導入すること、さらには高校に技能学科を設け、企業内訓練施設を技能高校に移行することなどを求めていました。

一方労働行政では、企業内の技能者養成を失業者向けの職業補導と合体させて職業訓練と名付け、独立した政策分野として位置付ける職業訓練法を一九五八年に制定しています。同法は、ドイツやスイスの技能検定制度に倣って新たに技能検定制度を設け、技能士の資格を有することで労働協約上の高賃金を受けることができるような、企業横断的職種別労働市場が目指されていました。

この方向性は、一九六〇年の国民所得倍増計画や一九六三年の人的能力政策に関する経済審議会答申において、政府全体を巻き込んだ大きな政策目標として打ち出されています。具体的には、職業に就く者は全て何らかの職業訓練を受けるということを慣行化し、人の能力を客観的に判定する資格検定制度を社会的に確立し、努力次第で年功や学歴によらないで上級資格を取得できるようにして、労働力移動を円滑化すべきだと主張していました。

実業を嫌う教育界

これに対して一貫して冷ややかだったのが教育界です。しかも、文部省がしぶしぶ職業教育に重点を置く教育の多様化を打ち出すと、日本教職員組合(日教組)はそれを高校教育の格差付けを行う政策だと非難しました。奇妙なのは、「能力・適性・進路による選別」を非難しながら、同時に「生徒を○×式テストの成績によって振り分ける進路指導」を批判していたことです。そこには、多様な適性・能力・進路による選別を否定することが結果的に一元的な成績によるふるい分けを不可避にしているのではないのかという反省は見あたりませんし、職業教育は高卒後に、というその主張が実は企業内教育訓練システムと極めて親和的なものであるという認識もなかったようです。

戦後の職業教育体制は量的、質的に極めて貧弱な状態でしたから、大企業はやむを得ず自ら養成工制度を設け、企業内技術学校での学科教育と職場実習を組み合わせた教育訓練体制(企業内デュアルシステム)が一九五〇年代に形成されました。大企業の技術学校は、地域によっては地元の高校への進学者よりも優秀な中卒者を吸収し、高水準の教育を提供していましたが、企業内では高卒扱いでも、一歩企業外に出れば中卒扱いでした。一方中小企業では、職業補導所(職業訓練校の前身)の修了生を採用するほかは、見よう見まねのＯＪＴが支配的でした。一九五〇年代の経営団体が職業教育中心の公的教育訓練システムの拡充を求め続けたのは、こういう状況を背景にしていました。実業を嫌う教育界に企業側が一方的に思いを寄せていた時代と言えるかもしれません。

この状況が大きく変わるのは一九六〇年代です。高校進学率が急上昇する中で、優秀な中卒者を養成工として採用し熟練工に育て上げるというコースが縮小し、高卒者を技能工として採用するようになっていきました。しかし、教育界は企業の求めるような職業教育をしてくれないので、普通高校卒を含む新規高卒者に対する教育訓練制度を確立していかなければなりませんでした。これは中卒養成工の訓練と異なり、六か月程度の養成訓練とそれに続く職場のＯＪＴとＯｆｆ－ＪＴ（Off the Job Training）を中心とする訓練体制です。日本型雇用慣行の特徴とされる教育訓練システムがこの時期に完成されたのです。そして、定期人事異動とローテーション、長期間にわたる昇進選抜といった青空の見える雇用管理制度が発達していきました。こうなると、それまで日経連が主張していた明確な職務要件に基づく人事制度とか、同一労働同一賃金に基づく職務給制度といった近代的な思想はかえって邪魔者になります。賃金制度における職務給から職能給への思想転換は、こういう企業現場の変化に対応していたのです。

職業高校が落ちこぼれ扱いされる社会

政府が外部労働市場志向型の公的教育訓練システムに熱を上げていた頃、既に企業側の熱意は冷め始めていました。その結果何が起こったかは誰もが知る通りです。学校で具体的に何を学んだか、何を身につけたかは就職時に問題にされず、偏差値という一元的序列で若者が評価される社会がやってきました。教育の職業的レリバンスの欠如したシステムです。

それまで近代的な職種と職業能力に基づく外部労働市場の確立を目指していた労働政策も、一九七三年の石油ショックを契機に、企業内部での雇用維持を最優先させる方向に大転換しました。これに伴い、それまでの社会的通用性のある技能に着目した公的教育訓練中心の政策は、企業特殊的技能を身につけるための企業内教育訓練に財政的援助を行うという方向に大きく舵が切られました。この時期は、アカデミズムにおいても終身雇用や年功制など日本的雇用慣行が内部労働市場論の立場から再評価され始めた時期に当たります。こうした政府や学界の方向転換は、それに先立つ時期の企業行動の変化を後追い的に追認したものと言えましょう。

こうして企業内教育訓練とそれに焦点を当てた労働政策が我が世の春を謳歌していた頃、企業からその必要性を否定された公的教育訓練システムは苦難の道を歩んでいきます。職業訓練校や職業高校は、偏差値により輪切りにされた若者たちを企業に送り込むという役割に甘んじていきました。

しかし、企業が学校に求めるのは企業内教育訓練に耐えうる優秀な素材を提供することだけだということになれば、普通高校も大学も、その教育内容が企業にとって意味がないという点では何ら変わりはありません。しかし教育界は、この多様性なき一元的序列付けという問題の根源には何ら触れることなく、偏差値が悪いとか、心の教育とか、ゆとりだとか、見当外れの政策を行き当たりばったりに試みるだけだったのです。

2 日本型雇用の収縮に取り残される教育

日本型雇用に過剰適応した日本型大学

そしてその時代精神のただ中で、今度は大学への進学率が次第に上昇していきます。後期中等教育へ、高等教育へという進学率の上昇傾向は先進国共通です。これは言い換えれば大学が少数エリートのものから大衆化していくプロセスです。しかしそれが社会の様々な職業に対応する多様化ではなく、一元的価値観で貫かれる形で進行した点に、日本型大衆大学の特徴があると言えるでしょう。

矢野眞和は、日本型大衆大学を日本型家族と日本型雇用と三位一体のシステムと捉え、その諸外国に類をみない一八歳主義、卒業主義、親負担主義という三つの特徴を指摘しています（『「習慣病」になったニッポンの大学』日本図書センター、二〇一一年）。ここでいう日本型家族というのは大学の授業料を親が負担するという点に着目したものですから、それを可能にするような年功的な生活給を企業が労働者に支払うことを含意しています。かつては大学進学率自体が極めて低かったのですから、子どもが成人に達した後まで親の生活給で面倒をみるのが当たり前というのは、一九七〇年代以降に確立したごく新しい日本型システムであることに留意すべきでしょう。

そして、日本型システムが常識化していくとともに、それ以前に世界標準に近い形で形成されていた制度は、非常識なものとして急速に日本型に適合するような形に変形されていきます。国立大学の授業料は一九七五年の三・六万円から一九八〇年に一八万円に上昇し、二一世紀には五〇万円を超えるに至りました。私立大学は八〇万円を超えています。親がそれだけの給料をもらっていることを前提とすれば、まことに常識に沿ったやり方だったのでしょう。

利子付き奨学金に復讐される大学生

奨学金制度を有利子による金融事業へと大きく転換させた一九八四年の日本育英会法改正は、学校卒業後誰もが日本型雇用システムの中で年功賃金を受け取っていくことを前提とした仕組みですが、やはり日本型雇用システム礼賛時代の精神的刻印を濃厚に受けています。授業料の引上げも、奨学金の金融化も、その始まった時代には常識に合わせるための改革だったのです。しかし、その常識はやがて周辺部から崩れていきます。

前述したように、日本型雇用の全盛時代は一九八〇年代を中心とした前後二〇年ほどに過ぎません。一九九五年の『新時代の「日本的経営」』を合図に、一九九〇年代半ばにはメンバーシップ型雇用システムの収縮が始まります。バブル崩壊後、学卒労働市場が急激に縮小し、そこからこぼれ落ちた若者たちが不本意な非正規雇用に追いやられ、二〇〇〇年代になって彼らが年長フリーターと呼ばれるようになってようやく政策対応が始まりました。

しかしながら、日本型雇用の全盛時代たる一九八〇年代に時代精神に合わせる形で有利子金融化された奨学金制度が、そこからこぼれ落ちた彼らに襲いかかります。彼らは学生時代に、メンバーシップ型正社員としての自分たちの未来を担保に入れる形でお金を借りていたのです。しかしその未来は不確実なものでした。不確実なものを確実であるかのように見せていたものは何か。日本型雇用への信仰としか言いようがありません。その不確実性が露呈したとき、奨学金という名の（本来教育分野における社会保障政策であるはずの）制度が、乏しい収入から毎月かなり高額の利子付き返済を強いられる制度に転化していきます。

重要なのは、これがもともと悪意で作られた制度ではない、ということです。若者がほとんどみんな正社員として入社でき、その後メンバーシップ型正社員として年功的な生活給を享受できるはずという常識が国民の多くに共有されていたからこそ、その正社員としての悠々たる未来を担保に学生に多額の金を貸すというビジネスモデルが受け入れられたのです。八〇年代の改革が広く国民に受け入れられたのは、それが日本型雇用を所与の前提にしていたからです。そして皮肉なのは、九〇年代以降日本型雇用が収縮し、むき出しのネオリベラリズムが唱道されるようになると、学生に自分の将来を担保に利子付きの金を貸し付けるというビジネスモデルが、原理的に正しいものとして正当化されるようになります。八〇年代に国民的合意の根拠となった日本型雇用の収縮と入れ替わるように、今度は市場主義的な自己責任論が正当化の根拠になっていきます。経済アクターは常に合理的な計算をして行動すべきであって、いつまでもフリーターをしていて借りた金もまともに返せないような者が悪いということになるのです。

アルバイト収入に依存する大学

日本型雇用の収縮は、年功賃金を享受してきた中高年層にも及びます。日本型雇用における中高年の高賃金とは、西欧諸国であれば公的な社会保障で賄われているはずの教育費や住宅費といった必然的生活コストを、個別企業の賃金で賄うという意味がありました。だからこそ、一九七〇年代以降、先進諸国と同様に高等教育進学率が急速に上昇していったにもかかわらず、その費用の大部分を公的負担ではなく私的負担で賄うことができたのです。その私的負担を可能にしたのは、学生の親(父親)の年功的高賃金でした。矢野眞和のいう親負担主義の雇用システム的基盤です。それが一九九〇年代以降、企業の経営合理性を理由に攻撃対象となったにもかかわらず、それを公的負担にシフトさせていこうというような声はほとんど上がることはありませんでした。こちらもやはり、一九九〇年代以降世の中を席巻したネオリベラリズムが、原理的に私的負担を正当化する方向に働いたからです。

親の年功賃金が徐々に縮小していく中で、等しく私的負担といってもその負担主体は次第に学生本人にシフトしていかざるを得ません。こうして、かつては補完的収入であった奨学金やアルバイト収入が、それなくしては大学生活を送ることができないほど枢要の収入源となっていきます。学生本人の現在の労働報酬と将来の労働収入(を担保にした借入)によって高等教育費を賄うべきという考え方は、それ自体は市場原理主義という一つの思想から正当化され得ます。しかし、それはそういう形で正当化されて成立した仕組みではありません。日本型雇用に基づく年功賃金を所与の前提とする親負担主義に立脚して作られた仕組みです。それがいつのまにか、ネオリベラリズム的な本人負担主義にすり替えられていたのです。

3　アカデミズムの幻想と職業訓練の世界

頑固に維持されるアカデミズム幻想

表面の政策イデオロギーはネオリベラル化しながら、制度の基本設計はそれが作られた時代の日本型雇用に過剰適応したままというねじれ構造の下で、もはや少数エリートではなく同世代人口の過半数を占める大衆となった大学生たちは、学生本人の現在の労働報酬と将来の労働収入(を担保にした借入）によってその教育費用を賄わざるを得ない状況に追いやられています。それを増幅するのは、依然としてエリート教育時代の夢を追って、大学とは「学術の中心として、広く知識を授けるとともに、深く専門の学芸を教授研究し、知的、道徳的及び応用的能力を展開させることを目的とする」（学校教育法第八三条第一項）のであるから、職業訓練校のようなものにしてはならない、と頑固に主張するアカデミズム思想です。

同世代人口の過半数が進学する高等教育機関が、職業教育訓練とは無関係の純粋アカデミズムの世界を維持できていたとすれば、それはその費用が親の年功賃金で賄われていたからであり、しかも、入社後は会社の命令でどんな仕事でもこなせるような一般的「能力」のみが期待されていたからでしょう。大学で勉強してきたことは全部忘れてもよいが、それまで鍛えられた「能力」は重要であるという企業側の人事政策が、その中身自体は何ら評価されていないにもかかわらず、大学アカデミズムがあたかも企業によって高く評価されているかのような（大学人たちの）幻想を維持していたわけです。

しかしその結果、ジョブ型社会であれば当然であるはずの、大学生が卒業後多様な職業に就き、社会に貢献することになるがゆえに、その費用も社会成員みんなが公的に賄うべきという発想が広がることが阻まれました。なぜなら、大事なのはどういう教育を受けたかによって異なる個別的な職業能力ではなく、何でも頑張ればこなせる個人の「能力」である以上、教育の中身自体を公的に賄うべき筋合いはないからです。

周縁的世界の公的職業訓練

こういうメンバーシップ型にどっぷり浸かった主流派とは隔絶した周縁的世界に、世界標準に近い職業教育訓練を公的に賄うべきという世界がひっそりと残存しています。高学歴になればなるほど縁のない、日本社会ではずっと非主流派の悲哀を味わってきた世界、公的職業訓練の世界です。

公共職業訓練は無料です。これは、都道府県や高齢・障害・求職者雇用支援機構の設置する職業訓練機関だけではなく、民間の教育訓練施設に委託して行われるもの(委託訓練)もそうです。実は現在、受講生の過半数は委託訓練で、特に都道府県の離職者訓練は九割以上が委託訓練です。委託先は専修学校の他に民間企業もありますが、公共職業訓練として全て無料です。親の年功賃金で賄うとか、本人の奨学金やアルバイト収入で賄うという発想はありません。さらに雇用保険制度では、失業給付の受給者が公共職業訓練を受けている場合、訓練受講期間中はその所定給付日数を超えて訓練延長給付が支給されると定めています。そして、二〇一一年に成立した求職者支援制度では、雇用保険を受給できない失業者に認定職業訓練を受講させ、その間の生活費として月一〇万円の職業訓練受講給付金を支給するという仕組みが設けられました。

社会の様々な仕事を担っていく人々の教育訓練費用やその間の生活費用を公的に賄うという発想

は、決して特異なものではなく、むしろ世界標準に近い考え方です。そもそも、教育と訓練とを峻別する考え方は日本独特です。西欧諸国の政策では、両者は一体であり、そして広い意味での社会保障政策の一環です。しかし、日本の大学はそのような世界標準から目を背け、崩れゆく日本型雇用の中で、意識の上ではアカデミズム幻想にしがみついてきました。専門職大学構想に対しても、ありとあらゆる罵言が投げつけられたのも記憶に新しいところです。

日本型雇用に基づく親負担主義に支えられていた幻想のアカデミズムは今やネオリベラリズムの冷たい風に晒されて、有利子奨学金とブラックバイトという形で学生たちを搾取することによってようやく生き延びようとしているようです。そのようなビジネスモデルがいつまで持続可能であるのか、そろそろ大学人たちも考え直した方がいい時期が来ているようです。

雇用と教育は鶏と卵

近年ジョブ型への移行を先導しているのは日立製作所ですが、その会長であり、かつ経団連の会長としてジョブ型の旗を振っていたのが中西宏明です。彼のジョブ型への志向が本物であることを物語るのが、大学新卒予定者の採用活動に対するスタンスです。

この問題の歴史は古く、一九七〇年代にいわゆる青田買いが問題となったときに、労働省と日経連、大学側の間で採用選考開始期日の設定に関する申し合わせ(就職協定)が行われましたが、法的拘束力を持たない紳士協定であったため実効が上がらず、一九八二年には労働省が手を引きました。その後経団連が中心となって一九九七年に新規学卒者の採用選考に関する倫理憲章を策定し、正式な内定日を卒業年度の一〇月一日以降とするルールを定めましたが、採用活動の早期化は止めることができず、二〇〇三年には選考を四月一日以降とし、さらに二〇一三年には第二次安倍晋三内閣が日程の後ろ倒しを要請したため、経団連は「採用選考に関する指針」により、二〇一六年卒の採用活動から就活解禁日を三か月遅らせて三年次の三月一日から、選考開始も四か月遅らせた八月一日からとしました。しかし大きな混乱が生じたため、二〇一七年卒の採用活動からは、選考活動の開始が大学四年の六月からとなりました。

こうした中で二〇一八年九月、経団連会長の中西が、二〇一九年卒業の学生を最後に同指針を廃止する意向を表明したのです。政府は同年一〇月、学生が安心して学業に取り組めなくなる事態は望ましくないとして、経済団体に対して従前通り、採用選考活動開始を六月一日、正式内定日を一〇月一日とするよう要請しました。しかし、この問題は単なる就職ルールの問題ではなく、新卒採用という日本型雇用システムの根幹に関わる仕組みをどう考えるかという問題です。中西はそこを問題提起したかったはずです。

中西は一方で、二〇一九年に経団連と大学トップによる「採用と大学教育の未来に関する産学協議会」を発足させ、二〇二〇年三月に報告書を取りまとめ、その中で採用の在り方について、中長期的には卒業時期、在学年数の多様化・複線化と、メンバーシップ型とジョブ型の組み合わせによる自社型の雇用システムの確立、とりわけ大学院修士・博士を対象とするジョブ型採用につながるインターンシップの試行的実施を打ち出しています。ここには、彼のジョブ型志向が最近のマスコミや評論家レベルのものではなく、雇用の入口からの抜本的な見直しをも念頭に置いたものであることがにじみ出ています。しかしながら、その見通しは決して明るくないと思われます、それは、雇用システムと教育システムとは密接に絡み合っており、双方とも相手がこうであるから自分はこうなっている、自分がこうなっているから相手もこうなっているという鶏と卵のような状況になっているからです。

大学はｉＰＳ細胞の養成所から脱却できるか？

日本の企業はメンバーシップ型で、このジョブのこのスキルがある人ということは全く考えずに採用し、素人として入ってから上司や先輩に鍛えられて、どんどん成長していきます。その仕組みを前提として、学校の方も、今このジョブができる人を育てるのではなく、何でもできる可能性のある素材を育てて企業に提供していくという教育の在り方に特化してきました。これはいい悪いということではなく、日本の雇用システムを前提とした教育システムとして最適化したのです。

そうなると、企業の方も、このジョブのこのスキルを持った人はいませんかという求人を出しても、レベルの低い人しか応募してこなくなります。なぜなら、優秀な人間ほど何でもできる可能性のある一般教育の方向に行くからです。このジョブのこのスキルを身につけるという教育コースをたどった人間は、企業から相対的にレベルの低い人間と評価されることになることがほぼ確実に予想されます。

比喩的にいうと、日本のメンバーシップ型の教育と採用の在り方はｉＰＳ細胞方式です。ｉＰＳ細胞は何にでもなります。今は何でもないけれども何にでもなりえます。ｉＰＳ細胞を手にくっつけたら手の細胞になりますし、足にくっつけたら足の細胞になりますし、頭にくっつけたら頭の細胞になります。そういう何にでもなりうる潜在力を持ったものとして、日本の教育システムは学生を育ててきました。その中で、これしかできませんという形で育てられた人間は、レベルの低い素材だとみなされてしまいます。お互いに企業の側も、学校の側も、そのシステムの中で最適化しようとすればするほど、よりメンバーシップ型に特化した形になってしまうのです。

それを中西は変えようとしていたようです。企業や大学を超えて、日本社会に対して転換しようという話を提起していました。しかし二〇一四年前後に、文部科学省の専門職大学設置に向けた検討会で、冨山和彦がグローバルな高度プロフェッショナル人材を養成するＧ型大学と、ローカルなジョブ型雇用に向けた職業訓練機能を担うＬ型大学に機能区分するという議論を提起したとき、職業教育訓練に対する偏見に満ちた反発が燃え上がったことを考えても、その前途は険しいものがあります。

4　学び直しというけれど

リカレント教育が暇つぶし教室になるわけ

近年流行のリカレント教育という言葉は、もともとスウェーデンの社会民主党政権が提唱したもので、生涯にわたって教育と労働を交互に繰り返すという職業人生モデルです。ところが日本でリカレント教育とか生涯学習という言葉から思い浮かぶものは何かと尋ねたら、家庭の主婦や定年退職後の老人向けの教養講座とか「趣味の○○」といった答えが返ってくるでしょう。この違いを生み出しているのも雇用システムの在り方です。

伝統的なジョブ型社会のモデルはリカレントではありませんでした。人生の初めの方でその後の職業人生に必要な職業教育訓練を受け、その獲得したスキルでもって就職したら、その後はずっとそのジョブをやり続けて引退に至るというモデルです。ところが技術革新が展開する中で、それではまずいと(半世紀前に)言い出したのがリカレント教育です。ジョブとスキルに基づく労働社会という基本構造を大前提にしつつ、職業人生の中で新たなジョブのための新たなスキルをいかにして身につけるのか、という課題に対して、いったん今のジョブから離れ、新たなスキルのための教育を受ける時期を保障すること、人生の初めの時期だけでなく、人生の途中の時期においても、基本的に同じような職業教育訓練を受けられるようにすること、これこそが、日本以外の社会で常識である成人教育であり、生涯学習であり、リカレント教育なのです。そのための仕組みとして、一九七四年にＩＬＯの有給教育休暇条約(第一四〇号)が採択されています。

これに対し、メンバーシップ型社会の日本では、そもそも会社に入る前にその会社でやる仕事のスキルを身につけておくことは求められていません。前述のようにＯＪＴが最も重要な職業教育訓練システムになっている社会においては、リカレント教育の提唱のもとになった技術革新への対応は、何ら問題ではありません。なぜなら、ジョブ型社会ではありえない人事異動命令によって新たな部署で新たな仕事を命じられても、入社時と同じように素人の状態からＯＪＴでスキルを身につけていくことが予定されていることに変わりはないからです。ＭＥ革命といわれた一九八〇年代は、硬直的なジョブに悩む欧米を尻目に、柔軟な日本型モデルが礼賛された時代です。そんな時代に、硬直的なジョブを前提にしたリカレント教育など誰も目を向けようとしませんでした。

学び直しがうまくいかない理由

ところが一九九〇年代以降、その柔軟だったはずの日本モデルはあらゆる面で矛盾が噴出してきました。多くの若者が入社できずに低スキルジョブの非正規雇用に落ち込む一方で、少数精鋭の正社員になれた者もまともなOJTを受けることなく膨大な作業に追いまくられ、スキルを獲得することなく中高年になった高給社員(「働かないおじさん」)は会社から邪魔者扱いされています。フォーマル教育を軽視し続けてきたことのツケが全ての局面に回っていると言っていいでしょう。

そこで、一九九〇年代後半以降の職業教育訓練政策は、それまでの企業内教育一辺倒から脱して、企業外のフォーマル教育に重点を移そうと努めてきました。ところがその四半世紀は、根強いメンバーシップ感覚によって足を引っ張られ、なかなかうまくいかないという事態の連続でした。その嚆矢は一九九八年に設けられた雇用保険法に基づく教育訓練給付でしたが、費用の八割助成というこの給付の大半は駅前の英会話教室やパソコン教室に投じられ、世論の批判の中で二〇〇三年には助成率が二割まで引き下げられました。制度の趣旨が悪かったというよりも、日本社会がまだまだジョブとスキルに基づく社会になっていなかった(がゆえに、趣味的な教室に流れた)ということでしょう。

二〇一三年にはまさにリカレント教育という意味の学び直し支援が政策のスローガンとなり、特定の教育訓練給付の助成率が再度引き上げられました(五割〜七割)。その対象は次第に増えて、文部科学省所管の専修学校、専門職大学院、専門職大学及び大学における職業実践力育成プログラムや、経済産業省所管の情報通信技術課程に拡大しています。この専門職大学院や専門職大学等は、まさに文部科学省がようやく本来の意味でのリカレント教育に踏み出したものと言えましょう。しかし、その制度創設過程で冨山和彦が述べたL型大学論が奇妙に炎上したことからも、「教育とは職業のような下賤なものとは切り離された人格陶冶という神聖なものだ」という虚偽意識が今なお教育界には濃厚に残っていることが窺われます。

スキル認証制度がうまくいかない理由

同じように、この四半世紀繰り返し様々な形で試みられながら一向に前進してこなかったのが職業能力評価制度――この人にはこのジョブのこの程度のスキルがありますということを社会的に明示する仕組み――です。もともと一九五八年の職業訓練法で技能検定制度が導入されながら、製造業と建設業の他には広がらず、多くの産業分野が公的なスキル認証制度の欠如した状態のままです。

これに対し、フリーター対策から始まったジョブ・カード制度は、欧米の若者雇用対策を若干変形して持ち込んだものでした。欧米で若者が失業するのはなぜかといえば、企業が求めるジョブのスキルがないからです。それゆえ、公費で教育訓練を施し、その結果獲得したスキルを職業資格という形で明示することにより、「このジョブのこのスキルのある人はいませんか」という求人に応募して就職することが可能になります。これと日本のOJTによる教育訓練の仕組みとを合体させて、フリーターをまず有期契約で雇ってもらい、企業現場のOJTで仕事を覚えさせ、その結果を履修証明としてカード化したジョブ・カードを求職活動に活用できるようにしようというのがジョブ・カード制度です。

ところが日本では、いかに矛盾があちこちに露呈しても、ずぶの素人を新卒採用して上司や先輩が鍛えて育てるという仕組みに何の変わりもありません。そういうシューカツモデルにあっては、フリーターをやっていたような悪い素材が少しばかりスキルを身につけたからといって正社員採用する気にはならないというのが企業の本音です。こういう日本のメンバーシップ型社会の感覚が全面に露呈したのが、民主党政権の目玉商品として喧伝された事業仕分けでした。こんなものは役に立たないとばかりに、ジョブ・カード制度をあっさり廃止と判定したのです。あまり役に立っていなかったのは確かですが、それはそもそもジョブのスキルを重視しない日本社会のゆえです。その後、日本労働組合総連合会（連合）の批判もあって復活しましたが、サークル活動やボランティアまで記入する学生用ジョブ・カードなどいささか迷走気味です。一方、民主党政権が鳴り物入りで導入した日本版ＮＶＱ（全国職業資格）も、事業仕分けで再検討と判定された挙げ句、今では厚労省老健局で介護プロフェッショナルキャリア段位が細々と残っているに過ぎません。

5　学習のフォーマルとインフォーマル

資格が全てのジョブ型社会

ここまでメンバーシップ型社会の教育と職業の在り方に厳しい突っ込みをしてきましたが、物事には全て表裏があり、ジョブ型社会にはジョブ型社会の矛盾があります。若者が就職しにくいといった分かりやすい次元だけでなく、そもそも職業能力とは何かという本質的な問いに関わるような問題もあります。ここではその一つとして、近年欧米でノンフォーマル学習、インフォーマル学習と呼ばれている領域について見ておきましょう。

これは一体何を指すのでしょうか。二〇一二年一二月にEUが採択した「ノンフォーマル及びインフォーマル学習の認定に関する理事会勧告」によると、これらに対する概念であるフォーマル学習とは、通常修了証書（サーティフィケート）の形での資格（クォリフィケーション）の取得を目指して行われる組織的構造的な学習で、学校や大学、職業訓練校などが含まれます。

ジョブ型社会というのは、こういうフォーマルな教育訓練制度を修了することで獲得された資格でもって特定のジョブに就職する社会です。逆にいえば、そういう資格がないゆえに就職できないというのが、欧米の雇用失業問題であり、それゆえにそれに対する対策は主として教育訓練に力を入れて就職できるような資格を与えることになるわけです。それが役に立つ政策であるのは、労働社会が資格に基づいているからです。フォーマル学習に基づいて発給された修了証書がその人のスキルを表すものであると社会の多くの人々が受け取ってくれる社会であるからこそ、資格を得た人はスキルのある人とみなされることになるのです。

ここは皮肉な話ですが、日本では非正規労働対策として教育訓練に力を入れてもあまり役に立たないことと裏腹の関係にあります。日本人が欧米の教育訓練関係文書を読んで一番違和感を持つのは、おそらく〝資格イコールスキル〟という前提をほとんど疑わないで議論が進められていることでしょう。日本人にとって、ある労働者が「できる」か「できない」かは、そんな資格などではなく、同じ会社の社員同士長年付き合ってお互いによく知り合うことによってこそよく分かるものだからです。とはいえそれは、日本以外の社会ではほとんど通用しない感覚です。

ジョブ型社会のアキレス腱

しかし、だからといってジョブ型社会に問題がないわけではありません。いやむしろ、本当にその労働者がその仕事を「できる」のかどうかは、フォーマル学習で得られた修了証書だけで決まるようなものではないのではないか――という素直な疑問が、欧米でも当然のように提起されてきます。そう、そこでノンフォーマル学習だのインフォーマル学習だのという概念が登場してくるのです。

前記勧告は、ノンフォーマル学習を、教師―生徒関係のような一定の形をとった計画された活動として企業内や市民社会団体によって行われるもの、と定義しています。いわゆるOff-JTがこれに当たるといってよいでしょう。これに対しインフォーマル学習は、日々の労働に関わる活動の結果としての学習で、いわゆるOJTがこれに当たります。多くの人が日々の仕事をしながらパソコンのスキルを身につけてきたと思いますが、これなど典型的なインフォーマル学習ということになります。

いうまでもなく、欧米社会でもこういう形で実際のスキルを身につけるのはごく普通のことです。実際に仕事をする上で使っているスキルの大部分は、フォーマル学習に基づく資格よりも、こうしたノンフォーマル・インフォーマル学習で身につけたものだという調査結果もあります。問題は、ジョブ型社会というのは、そうした資格なきスキルを素直に認めてくれるような仕組みではないということなのです。日本のようなメンバーシップ型社会であれば、資格などといううるさいことはほうっておいて、同じ社員同士「あいつはできる」と理解し合っていればいいのですが、ジョブ型社会ではそうはいかないのです。そう、ここにジョブ型社会の最大のアキレス腱があるのです。

当たり前すぎて見えないインフォーマル学習

そこでこの勧告は、加盟各国に対して、こうしたノンフォーマル・インフォーマル学習で獲得した知識、スキル、職業能力を認定(ヴァリデーション)する仕組みを構築するよう求めています。学校や大学、職業訓練校に通って得るのと同じ資格を、企業やNGOのOff-JTやOJTでそれらを身につけた人々にも与えることができるようにしようというわけです。そのために、例えば技能検査をすることも示唆されています。そうやって、一国の職業資格制度の中に位置付けていこうという動きなのです。

改めて日本人の目から見ると、欧米社会は何でこんなことに血道を上げなければならないのかがよく分かりかねるかも知れません。仕事を通じてスキルを身につけたと周りの人間が分かっているのなら、そういうふうに扱えばいいいじゃないか、と。しかし、そういうわけにはいかないのがジョブ型社会なのです。だからこそ、EUの重点政策としてノンフォーマル・インフォーマル学習ということが打ち出されたりもするのです。

ちなみに、こういう動きは日本の労働関係者にはほとんど知られていませんが、教育関係者の間では若干紹介されています。ただし、日本社会の現実を反映して、前記EU勧告では最重点が置かれている職場のOff-JTやOJTはすっぽり抜け落ちています。日本でこれらが紹介された数少ない文献を見ると、学校教育法上の学校での教育と、文部科学省所管のいわゆる社会教育との対比という形でもっぱら論じられており、そこでいうノンフォーマル教育のイメージはカルチャーセンターであるようです。ＥＵ勧告の中核である職業能力の問題が欠落してしまうのは、行政の縦割り構造云々といった問題よりも、日本のメンバーシップ型社会ではそれを問題として認識する回路が存在しないからだと考えた方がいいでしょう。

三　定年と高齢者雇用の矛盾

1　定年退職は引退に非ず

定年制は年齢差別だが

正社員の標準コースにおける出口は定年です。定年制とは、労働者が一定の年齢に達したときに労働契約が終了する強制退職制度です（厳密にいえば、今ではもはやそうではありませんが、その点は後述します）。しかしながら、有期労働契約の期間の定めとは異なり、定年到達以前の退職や解雇が（定年の存在によって）制限されるわけではありません。この点だけで見れば、これは一定年齢到達のみを理由として労働関係を終了させる制度であり、労働者の雇用を保障する制度ではないことになります。しかしながら、とりわけ日本では、これは定年年齢までは雇用の継続を保障するという機能を有するものだとみなされてきました。前述したように、メンバーシップ型雇用では職務が特定されていませんから、他の職務への異動可能性がある限り解雇の正当性が低くなりますが、では雇用がいつまで継続されるのかといえば、定年年齢に達するまでということになるわけです。

年齢のみに基づく強制的雇用終了であるという点に着目すれば、これはれっきとした年齢差別です。実際、アメリカでは定年制は禁止されていますし、ヨーロッパ諸国でも年金支給開始年齢を下回る定年は違法です。年齢に基づく差別を人種や性別による差別と同じように人権問題として取り上げるようになったのは比較的最近になってからです。先頭を切ったのはやはりアメリカで、一九六七年に雇用における年齢差別禁止法が制定され、四〇歳以上の労働者について採用、解雇、賃金その他の労働条件について差別を禁止しています。定年制は解雇の年齢差別に当たるわけです。もっとも、後述するようにアメリカは解雇自由が原則なので、年齢を理由に解雇してはいけないのであって、他の理由であるいは理由なしに解雇することは可能です。これは人種、性別その他の差別理由についても同様です。一方ヨーロッパ諸国では、二〇〇〇年にEUで一般雇用均等指令が制定され、年齢、障害、宗教・信条、性的指向等を理由とする雇用差別が禁止されています。ただし、年金支給開始年齢を理由とする定年は認められています。ヨーロッパの労働者は早く年金を受給して引退したいと考える者が多く、いつまでも働きたいという需要はそれほど高くないようです。

こうした諸外国の動向と比べると、日本では前述のように二〇〇七年六月に入口における年齢差別禁止規定が設けられたものの、それは新卒採用などいくつも例外を認めるものであり、それ以外の局面では一切年齢差別が問題になっていません。日本型雇用システムにおける人事労務管理は基本的に年齢に基づくものになっている以上、年長フリーター向けのやったふり的な政策以外に手の出しようがないというのが実情でしょう。それゆえ今日に至るまで、年齢のみを理由とする強制退職制度である定年制が堂々と存在し続けているのです。

そもそも今の定年は強制退職年齢ではない

さて、前項では定年制を「労働者が一定の年齢に達したときに労働契約が終了する強制退職制度」と定義しましたが、これは現在ではもはや当てはまりません。日本政府の正式訳でも定年は「mandatory retirement age」となっていますが、現在なお圧倒的大部分である六〇歳の定年で本当に強制的に退職させられる人はいないはずだからです。高年齢者雇用安定法によれば、定年年齢は六〇歳を下回ってはならず、つまり六〇歳定年でいいのですが、その後六五歳まで希望者全員を継続雇用しなければなりません。つまり、本当にその意に反して年齢のみを理由に退職させられる人が出るとしたらそれは六五歳であって、定年という名前のついている六〇歳という年齢は、それまでの正社員としての雇用契約がいったん終了し、改めて(嘱託等の名前のついた)有期雇用契約が始まる時点なのです。

これは理論的にもなかなか複雑怪奇なところで、かつては六五歳までの継続雇用が使用者の努力義務でしたし、それが義務化された後も労使協定により対象者を限定できるという制度があったりしたので、その限りでは六〇歳で年齢のみを理由として強制的に退職に追い込まれる人が存在し得たのですが、二〇一二年の法改正によって六五歳までの継続雇用が全面的に義務化されたため、六〇歳はいかなる意味でも強制退職年齢ではなくなりました。日本語では定年という(年齢に関わるという以外は)内容不明の用語を使うことでごまかしていますが、英語に訳すとそのからくりが露呈してしまいます。

今の定年は処遇の精算年齢

では、強制退職年齢ではないとすれば、六〇歳定年とは一体何なのか。そして、なぜそれをあたかも強制退職年齢であるかの如き定年という言葉で呼び続けているのか。その根本原因も日本型雇用システムにあるのです。その謎を解く鍵は、雇用保険を原資とするある制度にあります。財源を労使折半で賄っている高年齢雇用継続給付という制度は、六〇歳定年で退職し、その後継続雇用された労働者の賃金が定年前の七五%未満に下落した場合に、賃金の一五%相当額までを補塡してくれる制度です。現在の補塡率は一五%ですが、二〇〇三年改正前は二五%まで補塡してくれていました。

この制度ができたのは一九九四年で、そのときは努力義務に過ぎない六五歳までの継続雇用を促進するための制度だという触れ込みでした。ところが二〇一二年改正で六五歳までの継続雇用が全面的に義務化された後も、この制度は堂々と残っています。義務であることを促進するためにわざわざお金を出すというのは筋が通らないはずですが、お金を出している労使が文句を言わないのは、それが役に立っているからでしょう。どういう役に立っているかといえば、年功賃金制の下でひたすら上がり続けて定年直前には相当の高給になった中高年労働者を、本来あるべき賃金水準に引き下げて雇い続けるための上乗せ的な手当ということです。

つまり今日の日本において、本来強制退職年齢という意味を有していた定年という言葉は、それまでの高給を一気に引き下げるための区切り、いわば処遇の精算年齢という意味になっています。その処遇の精算を円滑に行えるようにするために、制度創設時の理屈を括弧に入れたまま、その差額の一部を公的に補塡するという制度が続けられているのです。

賃金制度の矛盾の露呈としての定年後再雇用

そういう制度が公的な制度として未だに続いているということは、日本の圧倒的大部分の企業が、六五歳までずっと雇用し続けたいのは山々だが、六〇歳定年前の高給では無理だと思っているからでしょう。強制退職年齢という定年の本来の意義からすれば、素直な制度設計は六五歳定年のはずですが、そうすると、まだ定年に達していない六〇歳の段階で、それまで年功的に上がってきた賃金を一気に引き下げなければなりません。それは労働条件の不利益変更になりますから、変更には合理性が必要です。

合理性はあるではないか、六〇歳を超えた高齢者の労働生産性は低いんだから、と単純に考えてはいけません。六〇歳を超えた瞬間にそれまで高かった生産性が急激に落ちるのでしょうか。そういう理屈が通るでしょうか。いやいや、定年前の五〇代の中高年もだいぶ生産性が落ちているよ、と言い出すと、これは論理の泥沼にはまり込みます。その生産性の低い中高年に高い賃金を払ってきたのはどういう理由ですか、という問いに答えなければなりません。

賃金制度論は後で詳しく論じますが、もともと終戦直後には年齢とともに上昇する生活費を賄うための生活給として作られた年功賃金制が、高度成長期に「能力」の上昇によるものだと説明原理を変えてしまったことが、この泥沼の出発点です。具体的なジョブのスキルではなく、潜在的な「能力」でもって賃金上昇を説明してしまうと、これはよほどのことがないと引き下げる理屈が立ちません。一九九〇年代後半以降、「能力」主義に加えて成果主義が強調されるようになり、中高年社員の賃金上昇にストップをかける動きが強まったとはいえ、いったん上がった賃金を下げるのはなお至難の業です。それは法規制でも何でもなく、企業自らが作り上げてきた仕組みに自らが縛られているからです。

2　根っこにある中高年問題

貢献に見合わない中高年の高給

建前を捨てて本音で語れば、企業にとって多くの中高年社員に支払っている賃金は、その貢献に見合わない高給になっているのでしょう。とはいえ、賃金制度の建前は、見えない「能力」に対してそれにふさわしい賃金額を払っていることになっています。その建前の上に、後述の正社員と非正規労働者の隔絶した賃金格差も容認されてきているのですから、そう簡単に放擲できるわけでもありません。

そこで、六〇歳定年までは不可視の「能力」に高給を払い続けてきながら、定年を過ぎた瞬間に新たに再雇用された非正規労働者という立場に置くことによって、労働条件の不当な引下げだという異議申立てを封じようとしてきたのです。もっとも、異議申立ては完全に封じることはできません。実際、長澤運輸事件最高裁判決(二〇一八年六月一日)では、定年前と同じトラック運転手の仕事をしながら賃金を三割引き下げられたことが争点になりました。最高裁判所は定年後再雇用であることを考慮して、一部手当を除き不合理とは認めませんでした。日本型雇用システムの合理性を尊重する判断をしたことになります。

この事案では定年前後でやる仕事は全く変わりませんでした。トラック運転手というジョブ型に近い世界で、賃金制度だけは日本式にするとこういう矛盾が生じます。他の業種でも、いかにジョブ型ではないからといって、同一労働同一賃金というかけ声が高まる中で、全く同じ仕事で賃金を引き下げるのは気が引けます。そこで、定年前よりも低い賃金に見合ったレベルの低い仕事をあてがっておけば安心だという企業も多いようです。「嘱託」というラベルは、その標章なのでしょう。なるほどその点は安心かもしれませんが、そんなことのために、まだまだフルに働ける高齢者を周辺的な仕事に追いやるとするならば、それは社会的な人的資源の有効活用という面からして、問題があるのではないでしょうか。

追い出し部屋という象徴

企業封鎖的で年功序列的な日本型雇用システムが中高年雇用問題の原因だという認識は、一九六〇年代には政府をはじめ多くの識者に共有されていました。ところが一九七〇年代以降は、勤続とともに「能力」が上がり続けるから年功賃金制は合理的だと論証した知的熟練論が流行しました。何もできないくせに(それゆえに)採用された若者が上司や先輩に鍛えられながらいろいろな仕事をこなしていくうちに能力が高まっていくというのは、少なくとも二〇代や三〇代の早いうちまでは実感として正しいでしょう。しかし、四〇代や五〇代になっても同じように「能力」が上がり続けていると本気で思っている人はどれくらいいるでしょうか。

実は、知的熟練論で論証されるまでは、年功賃金制の必要性は大変分かりやすいものでした。入社当時は独身でもやがて結婚し、子どもができます。子どもの教育費や家族が住む住宅費などは、ヨーロッパと違って日本では全部賃金で賄わなければなりません。とすれば、「能力」がどうであろうが生計費に応じて賃金が上がってくれなければ困ります。生活給の論理です。ところが知的熟練論が流行すると、そういう認識はどこかに消えてしまい、四〇代、五〇代の高給はその高い「能力」のゆえに正当だと思い込むようになってしまったのです。

とはいえ、円高不況が来たりバブルが崩壊したりすると、中高年の高い賃金が企業への貢献と見合っているのかが厳しく問われることになります。そして、見合わないと判断された中高年は追い出し部屋に追いやられることになります。これこそメンバーシップ型社会の象徴です。

貴方に適した職務はない

ジョブ型社会では、雇用契約がジョブに立脚しているので、そのジョブがなくなったというのが最も正当な解雇理由になります。ジョブがあるのに解雇しようとするならば、そのジョブを遂行することができないほど無能であることを会社は立証しなければなりません。人事権による配転のない欧米諸国では、入職初期の試用期間を除けば、これは困難です。しかし、経済状況や企業戦略の変化でそのジョブが失われるからというのは、つまりリストラ解雇というのは、労使双方にとって最も受け入れやすいものです。一方、仕事はできるが態度が悪いなどという解雇理由は通用しません。

日本では全く逆です。仕事は会社があてがうものなのですから、たまたま命じられた仕事がなくなったからといって解雇が正当化されるはずがありません。リストラ解雇は最も許されない解雇ということになります。また、配転を繰り返しつつＯＪＴで技能を上げていくことが前提なので、特定の仕事の遂行能力を理由に解雇することも困難です。そこで追い出し部屋の出番です。メンバーシップ型社会では会社に無制限の人事権が認められているので、本来の会社の業務ではない仕事を社員にあてがうことも自由です。その仕事が自分の仕事を探すことであっても、（退職の強要や嫌がらせ行為がない限り）契約違反とはいえません。本来仕事がなくてもメンバーシップを維持することを可能にするために極限まで拡大された無制限の人事権が、暗黙のうちに「会社から出て行け」というメッセージを伝えるための小道具として利用されるという皮肉な事態です。

二〇一三年にマスコミで追い出し部屋が話題となった頃、某社の「追い出しマニュアル」なるものが報じられ、その中に次のような想定問答がありました。

Q……会社は私にできる仕事を見つけてくれるべきだと思いますが……

A「貴方の経験・能力に合った仕事が今後、社内にあるかどうか」については慎重に検討しました。その結果、貴方に適した職務はないという結論に達しました。

この文書の真偽は確認できませんが、日本の正社員文化にどっぷり浸かった人が書いたことだけは間違いなく断言できます。なぜなら、ジョブ型労働社会の常識からすれば、始めから終わりまで信じられないようなやりとりに終始しているからです。

欧米の経営者でも労働者でも、まず初めに疑問を呈するのは、「この労働者の職務記述書には何と書いてあるのか」「その職務がなくなったのか、それともあるのか」ということでしょう。まずジョブがあってその上に雇用契約がある以上、ジョブがなくなったのであれば解雇されるのはおかしな話ではないし、逆にジョブがちゃんとあるのに解雇するというのなら、労働者個人にどういう問題があるのかをきちんと立証する必要があります。それを抜きにして「貴方に適した職務はない」だとか、「私にできる仕事を見つけてくれるべき」だとか、ほとんど意味不明のたわごとに聞こえるでしょう。

しかし、それこそが日本的なメンバーシップ型雇用の本質なのです。

3　矛盾に矛盾を重ねる高齢者雇用対策

七〇歳までの就業確保措置

二〇二〇年三月の高年齢者雇用安定法改正により、七〇歳までの就業確保措置が努力義務として規定され(第一〇条の二)、二〇二一年四月から施行されています。人口の高齢化に伴ってより高齢層の働く機会を広げていくこと自体は、世界共通の課題であり、是非とも進めなければならない政策です。とはいえ、六五歳までの継続雇用の義務付けをそのままにして、その上に増設されたこの仕組みは、矛盾に矛盾を積み重ねた感があります。

同法により六五歳から七〇歳までにとられるべき措置には、六五歳までと同じ定年廃止、定年延長、(子会社や関連会社への転籍を含む)継続雇用制度に加え、純粋他社(子会社や関連会社以外)への再就職、フリーランス契約、有償ボランティアといった選択肢も含まれています。こうした選択肢は、外部労働市場政策としての高齢者の働き方の選択肢としては十分ありうるものですし、そういうものとして大いに促進されるべきでしょう。ところが今回はそれらを全て使用者の努力義務として構成してしまったために、純粋他社での雇用も、本来自立しているはずのフリーランスも、果ては自発的に行われるべきボランティアまでも、全て七〇歳まで元の会社が面倒見なければならないという奇妙な制度になってしまいました。

再就職支援は内部労働市場政策？

まず奇妙なのは、純粋他社への再就職が元の会社における就業確保と位置付けられていることです。実は、高年齢者雇用安定法には一九八六年以来ずっと再就職援助の努力義務という規定(第一五条)があります。同法は長らく定年と継続雇用という内部労働市場にばかり目を向ける法律として発達してきたとはいいながら、外部労働市場志向の政策も目立たない裏道としてひっそりと存在してきたのです。ジョブ型社会の感覚からすれば、自社内に今までやってきたジョブがあり続けるならばいいけれども、そうでないなら他社の同じようなジョブに就けるように面倒を見てあげるというのはおかしなことではありません。ジョブ型感覚が欠如した人の目には入らなかっただけです。この再就職援助とは、もちろん再就職の手助けをするということであって、行った先の純粋他社での雇用維持にまで責任を持つということではありません。

ところが、この六五歳までの高齢離職者に対する再就職援助努力義務を残したまま、その上の六五歳から七〇歳までの純粋他社での雇用確保が元の使用者の努力義務の一つになってしまったのです。そのため、七〇歳までその純粋他社で雇い続けるという契約を両社間で結べという手の込んだ仕組みになっています。いわば、他社への再就職が六五歳までは外部労働市場政策なのに、六五歳を超えると内部労働市場政策になってしまうのです。こんなねじれた政策はなかなか考えつきません。

フリーランスもボランティアも内部労働市場

フリーランスについても、一方で労働者性が認められるような働き方とならないよう留意せよと言っていながら、他方では雇用契約に匹敵するような保護が与えられるようにせよという要請になっていて、なかなか据わりの悪い建て付けになっているのです。非雇用型の高齢者就業政策として既にあるシルバー人材センターとの関係も曖昧ですし、現在政府全体として進められている雇用類似の働き方に対する政策との関連も明らかではありません。ボランティアに至っては事実上企業のプロボノ(社会貢献活動)に限定されています。

有期雇用の年齢を理由にした雇止めなど、これまでの枠組みでは救いきれない問題も多くある中で、再就職のみならずフリーランスやボランティアまで内部労働市場型の政策枠組みに無理やり押し込めるようなやり方が持続可能なのか、改めて考え直す必要がありそうです。

四　解雇をめぐる誤解

1　ジョブ型社会で最も正当な整理解雇

ジョブ型社会にも解雇規制はある

正社員の標準コースにおける出口である定年に対し、非標準的、あるいはむしろ異例な出口に当たるのが解雇です。解雇については、ただでさえ多くの議論がある上に、ジョブ型をめぐって相当誤解に満ちた議論が様々に展開されているため、それらを解きほぐすために丁寧な作業が必要になります。そのうち一部は既に序章で論じました。

繰り返しになりますが、日本以外の全ての国はジョブ型社会ですが、そのうちたった一か国アメリカを除けば、全ての国に解雇規制があります。アメリカは確かに随意雇用原則といって、どんな理由であっても、あるいは理由なんかなくても、解雇することが自由です。しかし、それがジョブ型の特徴だなどと主張するのはほとんど虚構と言っていいでしょう。アメリカ以外の全てのジョブ型の諸国と日本は、解雇規制があるという点で共通しています。もちろん解雇規制とは解雇禁止ではありません。日本もアメリカ以外のジョブ型諸国も、正当な理由のない解雇はダメだと言っているのであって、裏返していえば、正当な理由のある解雇は問題なく有効なのです。その点でも共通しています。

しかしながら解雇については、法律で解雇をどの程度規制しているのかということよりも雇用システムの在り方が大きな影響を及ぼしているため、ある側面に着目すれば確かにジョブ型ではより容易な解雇が、メンバーシップ型ではより困難になるという傾向はあります。ここのところは、一つ一つ腑分けして議論をしていかなければなりません。解雇の問題は雇用システム論の最大の関門であり、これをきちんと解きほぐせるか否かが極めて重要です。

借家契約と雇用契約

問題を解きほぐすためには基礎の基礎に立ち返るのが一番です。ジョブ型とは初めにジョブありきで、そこにヒトをはめ込むものです。従って、労使いずれの側も、一方的に雇用契約の中身を書き換えることはできません。つまり、従事すべきジョブを変えることはできないのです。定期人事異動が当たり前で、仕事などというのは会社の命令でいくらでも変わっていくものだと心得ている日本人に一番よく分かっていないのが実はこの点です。いわば、借家契約が家屋という具体的な物件についての賃貸借契約であって、具体的な家屋を離れて、「大家といえば親も同然、店子といえば子も同然」という人間関係を設定する契約ではないように、雇用契約もジョブという客観的に存在する物件についての労働力貸借契約なのであって、具体的なジョブを離れて「会社といえば親も同然、社員といえば子も同然」という人間関係を設定する契約ではないのです。

大家が借家を廃止して、その土地を再開発してマンションを建てると言われれば、少なくともその借家契約は終わるのが当たり前です。それと同様に、会社が事業を再編成して、そのジョブは廃止すると言われれば、その雇用契約は終わるのが当たり前です。大家にはどこか別の自分の所有する借家に住まわせる義務があるわけではありませんし、店子の方もそれを要求する権利があるわけではありません。それと同様に、会社にはどこか別のジョブにはめ込む義務があるわけではありませんし、労働者にそれを要求する権利があるわけではないのです。もちろん、借家の場合でも新しい借家を探す間は元の家に住まわせろとか、その間の家賃は免除しろとか、いろいろと配慮は必要です。しかし、原理原則からすればそういうことです。

リストラが最も正当なジョブ型社会、極悪非道の日本

これが、言葉の正確な意味でのリストラクチャリング(リストラ)です。従って、アメリカ以外の全てのジョブ型社会、解雇を規制している圧倒的大部分のジョブ型社会において、最も正当な理由のある解雇とみなされるのが、この種の整理解雇です。日本人にとって最も理解しがたいのは、日本では最も許しがたい解雇であり、極悪非道の極致とさえ思われているリストラが、最も正当な理

由のある解雇であるという点でしょう。ここが分かるか分からないかが、ジョブ型というものの本質が分かるか分からないかの別れ目です。

もっとも、日本ではそういう言葉の正確な意味でのリストラよりも、会社にとって使えない社員をいかに追い出すかという意味でリストラという言葉が使われる傾向があります。というよりも、そもそも雇用契約で職務が限定されていないメンバーシップ型社員にとっては、会社の中に何らかの仕事があれば、それがいかなる仕事であれ、そこに配置転換される可能性があるのです。その可能性があるのに解雇しようというのは許しがたい悪行だとなるのは、必然的な論理的帰結です。言い換えれば、会社が絶対的に縮小し、絶対的に排除される労働者が不可避的に出ざるを得ないという状況にならない限り、リストラが正当化されるのは難しいということになります。

正当な理由のある解雇は良い、正当な理由のない解雇はダメ、という全く同じ規範の下にありながら、ジョブ型社会とメンバーシップ型社会がリストラに対して対極的な姿を示すのは、こういうメカニズムによるものです。それを解雇規制の有無で論じるのは全くミスリーディングと言わなければなりません。

雇用維持助成金の性格

さてこういう話をすると、景気が悪化したときに雇用を維持するための雇用調整助成金こそメンバーシップ型の最たるものであるかのような議論に向かいがちなのですが、実は必ずしもそうではありません。ここはきちんと腑分けして議論をすべきところです。

二〇二〇年に世界中を新型コロナウイルス感染症が襲い、多くの企業で労働者が休業を余儀なくされたとき、日本のみならずドイツ、フランスをはじめとするヨーロッパ諸国でも、操業短縮手当など似たような雇用維持スキームが発動され、やるべき仕事がない状態で雇用関係が維持されました。むしろ、デジタル化の遅れからなかなか申請や支給が進まなかった日本に比べて、わずか一か月ほどで支給対象者数が各国とも一千万人に達するほどでした。これに対し、アメリカでは仕事がなくなった人々は片っ端から解雇され、失業者数が一気に二千万人に上りました。アメリカのように仕事の切れ目が雇用の切れ目というのがジョブ型だとすれば、仕事がなくても雇用を維持しようとするヨーロッパ諸国はメンバーシップ型なのでしょうか。

そうではありません。初めにジョブありきのジョブ型社会であることに変わりはないのです。ただ、今回のコロナ禍、二〇〇八年のリーマンショック、古くは一九七三年の石油ショックのように、経済循環構造の外部から突然やってきた外的ショックによる労働需要の急激な縮小に対しては、そのショックが収まれば同じジョブを再開することが見込まれる場合には、その間国の補助金を注ぎ込むことによって雇用を維持するのです。アメリカに比べれば、ジョブの捉え方がより長期的なタイムスパンに置かれているということができるでしょう。

そもそも、日本で一九七四年に雇用調整助成金(当時は雇用調整給付金)が作られたとき、そのモデルになったのは西ドイツの操業短縮手当でした。発想はヨーロッパ式です。では日本の雇用調整助成金はヨーロッパの雇用維持スキームと全く同じなのかといえば、そうでない面があります。正確にいえば、当初の制度ができたときにはドイツの引き写しだったのですが、一九七七年の改正で目的が一時的な景気変動への対応から中長期的な産業構造の変化に拡大されました。衰退産業から発展産業への労働移動は外部労働市場を通じるのがジョブ型社会の常識ですが、その労働移動を企業内部でやろうというのです。雇用調整助成金で休業しながら教育訓練を受け、企業内の新たな事業に移していこうという考え方です。これこそ、雇用契約でジョブが限定されていない日本ならではの発想です。ヨーロッパの雇用維持スキームにはそんな発想はありません。危機が去ったら元のジョブを再開するというだけです。

いずれにしても、ジョブ型社会において整理解雇は最も正当な解雇理由ではありますが、ヨーロッパ諸国では中期的にジョブが存在し続けると見込まれる限り、一時的な景気変動に対しては雇用維持型の対応をすることが珍しくありません。そのこと自体はジョブ型であることと矛盾するわけではないのです。

2 誤解だらけの「能力」不足解雇

ジョブ型社会では能力不足で解雇し放題？

もう少し複雑で、慎重な手つきで分析する必要があるのが、序章で述べた東京新聞の記事に見られるような、ジョブ型では「能力不足でも解雇」されるという議論です。これも、雇用契約でジョブが特定されている以上、そのジョブのスキルが求められる水準に達していなければ解雇の正当な理由になるのは間違いありません。ただ、ここでも、基礎の基礎に立ち返って、ジョブ型ではどのように採用され、どのように就労していくのかということをしっかりとわきまえた上で議論をしないといけません。極めて多くの人々は、ジョブ型社会ではありえないメンバーシップ型社会の常識を無意識裡に平然と混入させて、日本的な「能力」不足を理由に解雇し放題であるかのように思いなしていますが、それは全く間違っています。

まずもって、何のスキルもない白紙同然の若者を、入社してから上司や先輩がびしびし鍛えていくことを前提に、新卒採用する日本の常識を捨てなければなりません。メンバーシップ型社会における「能力」不足とは、いかなる意味でも特定のジョブのスキルが足りないという意味ではありません。上司や先輩が鍛えても「能力」が上がらない、あるいはやる気がないといった、まさに能力考課、情意考課で低く評価されるような意味での、極めて特殊な、日本以外の社会では到底通じないような「能力」不足を意味します。そういう「能力」不足に対しては、日本の裁判所は、丁寧に教育訓練を施し、能力を開花させ、発揮できるようにしろと要求しています。しかしそれは、メンバーシップ型自体の中に既に含まれている規範です。それゆえに、正当な理由のない解雇はダメという普遍的な規範が、メンバーシップ型の下でそのように解釈されざるを得ないのです。

ジョブ型社会のスキル不足解雇

これに対して、再度基礎の基礎に立ち返って考えれば、ジョブ型社会においては、あらかじめその具体的内容と価格が設定されたジョブという枠に、そのジョブを遂行する能力がある人間をはめ込むのですから、能力不足か否かが問題になりうるのは、採用後の一定期間に限られます。採用面接では「私はその仕事ができます」と言っていたのに、実際に採用してやらしてみたら全然できないじゃないか、というような場合です。そして、そういうときに解雇できるようにするために、前述した試用期間という制度があるのです。逆に、試用期間を超えて、長年そのジョブをやらせていて、言い換えればそのジョブのスキルに文句をつけないでずっと労務を受領し続けておいて、五年も一〇年も経ってから能力不足だなどと言いがかりをつけて認められる可能性はほとんどないのです。

こういう話をすると、多くの日本人は、「いやいや、五年も一〇年も経っていたら、もっと上の難しい仕事をしているはずだから、その仕事に「能力不足」ということはありうるんじゃないか」と言いたがります。それがメンバーシップ型の常識にどっぷり浸かって、ジョブ型を本当には理解していないということなのです。五年後、一〇年後に採用されたジョブとは別のジョブに就いているとしたら、それはそのジョブの社内外に対する公募に応募して採用されたからでしょう。ジョブ型社会においては、社外から社内のジョブに採用されるのも、社内から別の社内のジョブに採用されるのも、本質的には同じことです。今までのジョブはこなせていた人が、新たなジョブでは能力不足と判断されることは十分ありえます。その場合、もちろん解雇の正当性はありますが、元のより低いジョブに戻ってもらうのが一般的でしょう。なぜならそちらは十分こなせることは実証済みなのですから。

日本では中高年が「能力」不足解雇

これに対して、日本で能力不足解雇が問題となるのはむしろ、長年勤続してきた中高年労働者である場合が多いのです。そしてそういう事案では、会社側は多くの場合、当該労働者の具体的なスキル不足ぶりを示すことよりも、全然業績を上げていないとか、やる気が全くないといったことを主張し、それを証明するために、当該労働者を他の部局に移動させようとしても、どの部局からも

「あいつだけは引き取れない」と断られたといった事実を並べ立てることがよくあります。

能力不足に対しては丁寧に教育訓練を施し、能力を発揮できるようにするのが会社の務めだ、というのがメンバーシップ型の社会規範に合わせて判例を構築してきた日本の裁判所のスタンスです。ところがその規範の大前提は、労働者がｉＰＳ細胞のようにすくすくと成長して配置された職場の仕事ができるようになっていくということです。それが「能力」です。スキルという観点からはその水準が低い若い世代の方がこの意味の「能力」は高く、長年仕事をしてきてスキルという意味ではそれなりに高くなっているはずの中高年の方が、この意味の「能力」は低い、あるいはむしろほとんどない、とみなされることが多いのです。

もっともそれはある意味で当たり前です。学習能力が年齢の逆関数であるのは洋の東西を問いません。違うのは、ジョブ型社会であれば年齢とともに学習能力が低下したからといって、既に身につけたジョブのスキルが維持されている限り、スキル不足解雇だと言われる心配はないということです。ジョブはその労働者の固有財産であって、会社から勝手に奪われるべきものではありません。もちろん、そのジョブ自体がなくなれば前述のように整理解雇されますし、新たに別のジョブに就こうとすれば、そのために慣れない教育訓練も受けなければならないでしょうが、それはスキル不足解雇とは別の話です。

老化したiPS細胞の悲劇

ところが日本では、学習能力が低下した中高年層が「能力」不足として狙い撃ちされるのです。かつてはぴちぴちと生きのよかったiPS細胞も、時間の経過とともにだんだんと老化し、何にでもなれる能力を失っていきます。ところが、日本の賃金制度の大前提は、「能力」は上がることはあっても下がることはない、というものです。会社内のいろいろな仕事を経験して仕事の幅が広がっていくという側面に着目すれば、確かに「能力」は上がる一方だという認識はそれほど間違っていないかもしれません。それを前提に、上がることはあっても下がることのない賃金制度が職能給、つまり能力主義に基づく賃金制度と呼ばれているわけです。その高い賃金水準に体現されている仮想上の「能力」と、学習能力の低下のゆえに新たな仕事をこなすこともおぼつかなくなり、賃金のずっと低い若手社員よりもはるかに劣るような中高年社員の現実のスキルとの落差が、会社側にとって我慢の限界を超えたときに、「こいつを能力不足で解雇したい!」という心からの叫びが発せられることになるのでしょう。しかし、その訴えはなかなか認められることはありません。それは会社自身が職能資格制における「能力」評価において、その「能力」を認めてきているからなのです。職能給の下で高給を払ってきていること自体が論理的にはその労働者の公式の「能力」評価なのである以上、それと矛盾する能力不足解雇が容易に認められる可能性は最初から乏しいものと言わざるをえないでしょう。

会社への忠誠心不足が正当な解雇理由になる日本

なるほど理屈はそうかもしれないが、それでもジョブ型社会の方が解雇が正当と認められやすく、メンバーシップ型社会の方が認められにくいではないか、だからその限りでは、ジョブ型になれば解雇されやすくなるというのは正しいのではないか、とお考えの方もいるかもしれません。それは半分は正しいですが、残りの半分は正しくありません。なぜなら、日本のメンバーシップ型社会では、ジョブ型社会におけるジョブと同じくらい重要な地位をメンバーシップが占めており、そのメンバーシップ、つまり会社の一員としての忠誠心を揺るがすような行為に対しては、ジョブ型社会では信じられないくらい厳格な判断が下されるからです。

おそらく日本の解雇に関する判例を、解雇規制のあるジョブ型社会の人々に説明したとき、リストラ解雇に対する奇妙な厳格さと並んで彼らの注意を引く点は、企業への忠誠心に疑問を抱かせるような行為をした労働者に対する懲戒解雇への極めて寛容な態度でしょう。何しろ、日本の最高裁判所は、日立製作所武蔵工場事件判決(一九九一年一一月二八日)では、残業命令を拒否し、始末書の提出も拒んだ労働者の懲戒解雇を有効と認めていますし、東亜ペイント事件判決(一九八六年七月一四日)では、高齢の母と保育士の妻と二歳児を抱えた男性労働者に神戸から名古屋への遠距離配転を命じ、それを拒否したことを理由とする懲戒解雇も、有効と認めています。

通常、労働法の授業では、これらの判例は労働時間や配転のところで取り上げられ、解雇の判例として検討されることはほとんどありません。そのため、日本と諸外国を比べた際の解雇のしやすさの問題でこれら判例が議論の素材となることも乏しいのです。しかし、素直に解雇の効力が争われた事案を並べてみれば、これらの判例こそ、日本独特のメンバーシップ型規範意識が裁判官の判断を左右していることを物語っています。

そういう目で見ていけば、先に採用の自由のところで取り上げた三菱樹脂事件最高裁判決も、既に採用されて試用期間とはいえ現に就労していた労働者を、試用期間満了によって解雇した事案なのですから、まさに態度(会社への忠誠心不足)が何より正当な解雇理由になることを示しています。いや、試用期間中には何らそういう態度をとったというわけでもなく、学生時代の学生運動の経歴が会社への忠誠心不足につながる(かもしれない)という懸念に過ぎないのですから、この点だけ取り出してきて解雇規制のあるジョブ型社会の人々に見せれば、信じられないくらい解雇が自由な国だと思われてしまうかもしれません。

3 現実社会の解雇の姿

日本は実は解雇だらけ

さて、以上縷々述べてきたのは、実は出るところへ出たときのルールの話に過ぎません。中小零細企業を中心とした現実の労働社会においては、裁判所に持ち込めば適用されるであろう判例法理とはかけ離れたレベルで解雇が自由奔放に行われています。残念ながら、これは経済学者の議論に欠落しているだけでなく、それに猛然と反発しているように見える法律家の議論でもほとんど取り上げられることがありません。そのため、あたかも全国津々浦々の中小零細企業でも判例法理に則って企業が行動しているかのような、現実離れした前提で解雇をめぐる議論が進められることとなります。

年間数十万件の解雇紛争を労働裁判所で処理している西欧諸国に比べ、日本で解雇が裁判沙汰になるのは年間一〇〇〇件強に過ぎません（二〇二〇年、労働関係民事事件が年間約四〇〇〇件）。圧倒的に多くの解雇事件は法廷にまで来ないのです。全国の労働局に寄せられた雇用終了関係の相談件数（解雇＋雇止め＋内定取消＋退職勧奨）は年間約八万件に上りますが、そのうちあっせんを申請したのは約一七〇〇件です（二〇二〇年度）。そこで、私は裁判所まで来ない、主として中小零細企業における個別労働紛争とその解決の実態を探るため、都道府県労働局におけるあっせん事案の内容を分析し、二〇一二年に『日本の雇用終了』（労働政策研究・研修機構）として公刊しました。そこでは、労働局あっせん事案から窺われる日本の労働社会、とりわけ中小零細企業における生ける法をフォーク・レイバー・ローと呼び、次のような諸特徴を抽出しています。

中小零細企業は「貴様ぁ解雇」でいっぱい

まず第一の特徴は、雇用終了するかどうかの段階において、労働者の適性を判断する最重要の基準がその態度にあるという点です。これは、明示的に態度を雇用終了の第一の理由に挙げている事案が多いというだけではありません。言葉の上では能力を理由に挙げているものであっても、その内容を仔細に見れば態度がその遠因にあるものが多いのです。また、雇用終了の理由となるほどの態度の悪さといったときに、判例法理から通常想定されるような業務命令拒否や業務遂行態度不良といった業務に直接関わる態度だけではなく、それよりむしろ上司や同僚とのコミュニケーション、協調性、職場の秩序といったことが問題とされる職場のトラブルが、多くの事案で雇用終了理由として挙げられています。その中には、様々な権利行使や社会正義の主張が、悪い態度の徴表とみなされているケースも多く見られます。同書の冒頭の事案をいくつか並べただけでも、このような状況です(事案の詳細は前掲拙書参照)。まさに「貴様ぁ解雇」でいっぱいなのです。

- ・一〇一八五(非女)：有休や時間外手当がないので労基署に申告して普通解雇(二五万円で解決)
- ・一〇二二〇(正男)：有休を申し出たら「うちには有休はない」その後普通解雇(不参加)
- ・二〇〇一七(正男)：残業代の支払いを求めたらパワハラ・いじめを受け、退職勧奨(取下げ)

・二〇〇九五（派男）：配置転換の撤回を求めてあっせん申請したら雇止め（不参加）
・二〇一五九（派男）：有休拒否に対し労働局が口頭助言した直後に普通解雇（不参加）
・二〇一七七（派女）：出産直前に虚偽の説明で退職届にサインさせた（不参加）
・二〇一九九（派女）：妊娠を理由に普通解雇（不開始）
・三〇〇一七（正女）：有休申請で普通解雇（使は通常の業務態度を主張）（打ち切り）
・三〇二〇四（非女）：有休をとったとして普通解雇（一二万円で解決）
・三〇二六四（非女）：有休を請求して普通解雇（六万円で解決）
・三〇三二七（非女）：育児休暇を取得したら雇止め（三〇万円で解決）
・三〇五一四（非男）：労基署に未払い賃金を申告したら雇止め（不参加）
・三〇六一一（正男）：指示に従わず減給、これをあっせん申請して懲戒解雇（打ち切り）
・三〇六三四（正男）：労働条件の明示を求めたら内定を取り消し（一五万円で解決）

第二にこれと対照的なのが、雇用契約の本旨からすれば最も典型的な雇用終了理由となるはずの能力の意外なまでの希薄さです。使用者側の主張において労働者の能力を主たる雇用終了理由としている事案の数がそれほど多くない上に、抽象的かつ曖昧なものが多く、具体的にどの能力がどのように不足しているかが明示されたケースはあまりありません。むしろ、主観的な態度と客観的な能力が明確に区別されず、一連の不適格さとして認識されている事例が目立ちます。これは、日本の職場において求められている能力が、個別具体的なジョブのスキルというよりも、上司や同僚との人間関係を良好に保ちつつ、職場の秩序を円滑に進めていく態度としての能力であることを物語っていると言えるでしょう。

第三に労働局あっせん事案が判例法理と極めて対照的な姿を示すのは、経営上の理由による雇用終了に係る事案です。多くの中小零細企業における実態を見ると、経営不振という理由を示すだけで極めて簡単に整理解雇が行われており、むしろ経営不振は雇用終了における万能の正当事由と考えられているとすら言えます。中小零細企業になればなるほど他のジョブに異動させてメンバーシップを維持する余裕などないのですから、これは当然とも言えます。このことを側面から立証すると思われるのが、表面上は経営上の理由を掲げていますが、真に経営上の理由であるかどうか疑わしいケース(表見的整理解雇)の存在です。裁判所において適用される労働法と、現実の労働社会で通用しているフォーク・レイバー・ローとの落差をこれほど明確に示す領域はありません。

金銭解決もできない泣き寝入り労働者が多数派

労働局のあっせんは任意の手続で、会社側に参加を強制できません。そのため、事案の四割は会社側不参加であり、解決に至るのは三割に過ぎません。大多数は金銭解決すらできずに泣き寝入りしているのです。そういう不安定さを反映して、解決金の水準で最も多いのは一〇万円台であり、約八割が五〇万円以下です。もちろん、膨大な費用と機会費用をつぎ込んで裁判闘争をやれば、解雇無効の判決を得られるのかもしれませんが、明日の食い扶持を探さなければならない圧倒的多数の中小零細企業労働者にとって、それはほとんど絵に描いた餅に過ぎないのです。

ここに、法廷に持ち込まれる事案だけを見ている法学者や弁護士には見えにくい解雇の金銭解決の持つ意味が浮かび上がってきます。例えばドイツでは、解雇が無効と判断された場合に労使いずれかの申立てにより、補償金と引き替えに雇用関係の解消を命じることができますが、その額は原則一二か月分、五〇歳以上なら一五か月分、五五歳以上なら一八か月分とされています。またスウェーデンでは、違法無効な解雇について使用者が復職を拒否したときは、金銭賠償を命じることができるとされていますが、その水準は、勤続五年未満で六か月分、五年以上一〇年未満で二四か月分、一〇年以上で三二か月分です。このような金銭補償基準が法定されれば、ごく一部の大企業正社員を除き、不公正な解雇に晒されている圧倒的多数の中小零細企業労働者にとっては福音となるのではないでしょうか。

解雇の金銭解決制度は二〇年経っても実現していないが

実は、二一世紀に入ってから解雇の金銭解決制度の創設が何回も試みられ、その都度失敗しています。二〇〇三年の労働基準法改正時には国会提出直前に蹉跌し、二〇〇七年の労働契約法制定時にはもとになった研究会報告でかなり詳細な制度設計をしながらも労働政策審議会(労政審)の審議でいつのまにか消滅しました。その後日本再興戦略改訂二〇一四を受けて、二〇一五年一〇月から「透明かつ公正な労働紛争解決システム等の在り方に関する検討会」で議論され、二〇一七年五月にいったんその報告書が出されたものの、二〇一八年六月からさらに「解雇無効時の金銭救済制度に係る法技術的論点に関する検討会」を設置して、同報告書が提起した金銭解決制度の法技術的論点の検討を続けています。

しかしその議論は、解雇無効の裁判を提起することを大前提にした極めて法律専門家的な技術論に終始し、そこまでやってこられない圧倒的多数の中小零細企業労働者のことがすっぽり抜け落ちてしまっているようです。最近のまとめによると、金銭解決制度の理論構成には形成権構成と形成判決構成があります。形成権構成では、無効な解雇等により金銭救済請求権(形成権)が発生し、その行使として訴えの提起等がなされ、これにより解消金債権が発生し、その金額が判決確定によって判明するとともに、訴えの提起により解消金支払いの条件付き労働契約の終了という効果が発生し、解消金支払いという条件成就に伴い労働契約が終了します。これに対し形成判決構成では、無効な解雇等は形成原因の発生に過ぎず、解消金債権の発生と解消金支払い条件付き労働契約の終了の判決を求める訴えを提起し、認容判決が確定することにより解消金債権が発生するとともに、解消金支払い条件付き労働契約の終了という効果が発生し、解消金支払いという条件成就により労働契約が終了します。といってもほとんどの読者にとっては何のことやらさっぱり理解できないでしょう。制度設計はいよいよ複雑怪奇を極め、多くの泣き寝入り労働者にとってはちんぷんかんぷんの世界ですが、二〇年近く議論を続けて今なお先行きは不透明です。

解雇は現実に金銭解決しているのになぜ立法化できないのか

それにしても解雇の金銭解決という問題は、なぜここまで込み入った話になってしまったのでしょうか。解雇自由が原則のアメリカを除けば、ヨーロッパ諸国にはいずれも何らかの解雇規制がありますが、その救済制度としては金銭解決が一般的です。それがなぜ日本ではこんなに難しいのでしょうか。もう一つの拙著『日本の雇用紛争』(労働政策研究・研修機構、二〇一六年)が示すように、実際は日本でも解雇事件は金銭解決されるのが一般的です。裁判事案でも判決が出る場合よりも和解で解決するケースが多く、その大部分は金銭解決ですし、裁判所で行われる労働審判事案ではほとんどが金銭解決です。さらに労働局のあっせん事案では金銭解決すらせずに打ち切りとなるケースの方が多く、解決に至ったケースは全て金銭解決です。世の中の実態としては、日本も解雇は金銭解決されている国なのです。なのに、それを法律に書こうとすると、法技術的な難問がぞろぞろ出てきてなかなか収拾がつかないという訳の分からない事態になってしまうのです。

その最大の理由は、権利濫用法理という、もともと例外的な状況に対してのみ最後の手段として持ち出してくるべき法理を、よほどのことがない限り常に適用されるべき原則的な法理として確立してきてしまったことにあるのではないかと思われます。いわずもがなですが、権利濫用とは、民法第一条第三項に規定される超一般原則です。普通はそれぞれの法律におけるそれぞれの規定に従って動いているけれども、それでは社会正義に反することになってしまう、しかしそれにうまく当てはまる法規定が見つからないという絶体絶命の状況で、突然神様が天から降りてきて、「この紋所が目に入らぬか！」とひっくり返してしまう万能の武器(デウス・エクス・マキナ)が権利濫用法理なのです。民法の授業では、信玄公旗掛松事件とか宇奈月温泉事件が必ず教えられます。

ところが労働法の世界にくると、権利濫用法理といいながら解雇に正当事由がなければ権利濫用になってしまうという、原則と例外が完全に逆転した法理になっています。もちろん、もともとの民法では解雇自由が原則だったので、それに対して労働法の世界が丸ごと例外なのだと言えばそうなのですが、その膨大な、もはや原則の存在する余地のないくらいの例外が、依然として例外としての法的規定のまま存在し続けていることが、今日、解雇の金銭救済をめぐって法技術的論点に頭を悩ませなければならない大きな原因になっているのだと思われます。

解雇無効判決といえども実際は金銭解決になってしまう理由

もう一つ、日本の解雇法制の奇妙な実態は、法律上は金銭解決制度が存在せず、裁判に訴えるとなったら解雇の無効を理由とした地位確認訴訟をするしかないにもかかわらず、それがめでたく認められて、解雇無効の判決が出たからといって、元の仕事に復職することは認められていないことです。日本の裁判所は、特段の事情がない限り労働者に就労請求権はないと断言しています。せっかく長い裁判を勝ち抜いて会社の社員だと認めさせたとしても、その会社から社内に立ち入るなと拒絶されれば、職場に戻ることはできないのです。彼／彼女に可能なのは、社員なのに会社の都合で就労できないことを理由に、その間の給料を受け取ることだけです。金銭解決制度が存在せず、解雇無効を訴えなければならないのに、その結果得られるのは金銭解決でしかないというのは、究極の皮肉です。

しかし、本書をここまで読んできた読者には、そういう不思議な事態がもたらされる理由は明らかでしょう。地位確認訴訟における地位というのは、いかなる具体的な職務とも切り離された、会社の社員であるという地位だけを意味します。それは空白の石版であって、そこにどんな職務を書き込むか、書き込まないかも、会社に委ねられています。だからこそ追い出し部屋という現象も可能だったことを思い出してください。「分かった。判決とあらば仕方がない。我が社の社員であることは認めよう。しかし、いかなる仕事もさせないし、我が社の職場に入ることも許さない。給料だけは払うから近寄るな」と言われれば、それをひっくり返すことはできません。それがメンバーシップ型社会の論理的帰結なのです。

ジョブ型社会であれば、特定のジョブに雇われて解雇された者が解雇無効判決を勝ちとれば、当然元のジョブに復帰するはずだと考えるでしょう。逆に原職復帰が困難であれば、いかに不当な解雇であったとしても金銭解決するより他に道はないのです。しかし、メンバーシップ型社会においては、雇用契約が空白の石版であるがゆえに、原職復帰がいかに困難でもたやすく地位確認をすることができ、その実質的内容は限りなく金銭解決に過ぎないという奇妙奇天烈な事態がまかり通ることになるのです。

解雇規制が立法されなかったために金銭解決が困難に

解雇はもともと自由に行使することのできる権利でした。それを前提に、しかしこの事案ではあまりにひどいから、権利濫用法理を使って特別に例外的に解雇を無効にしてやろう、と、最初は考えたのでしょう。そして、そういう例外的処理が山のように積み重なっていきました。しかし、どんなに積み重なっても例外的処理は例外的処理です。絶体絶命の状況で天から降りてくる葵の御紋です。一般原則として、この解雇はこれほどに不当だから無効にしてやろう、この解雇はこの程度しか不当でないから無効にはせず、金銭の支払いで許してやろうとか、そういう全体的な目配りができるような仕組みにはならなかったのです。

大変皮肉ですが、ヨーロッパ諸国のように早い段階で法律上に解雇規制を書き込むという法政策が採られていれば、そういう仕組みにすることができたかもしれません。残念ながらそういう機会を逸してしまい、法律上はずっと解雇自由原則を本来例外の権利濫用法理でもって押さえ込むというやり方を続けてきた挙げ句、二〇〇三年の労働基準法改正によって初めて解雇権濫用法理がそのまま法律上に規定されることになりました。

とはいえ、あらためて考えてみると、この二〇〇三年改正時にもう少し落ち着いて法政策の在り方を深く考える余地はあったようにも思われます。このとき、それまでの判例法理をそのまま立法化するという触れ込みだったのですが、よくよく考えれば、それまでの判例はいかに膨大な数に上るとはいえ、全て個別事案に対する個別判断の積み重ねに過ぎません。その当該解雇事案については、正当な理由がないから無効だと判断してきただけであって、およそ正当な理由がない解雇は全て無効だというような一般原則を定立してきたわけではありません。この事案はひどいから無効だけれども、別の事案はそこまでいかないから金銭を払えば有効にしてもいい、というような判断がありうることを否定していたわけではありません。その意味では今日、解雇の金銭救済制度で、例外的な状況だから無効という大前提の上に、その例外のそのまた例外としての金銭救済制度を考案しなければならないという「無理ゲー」をしなければならなくなった原因は、あまり深く考えずに判例法理を「そのまま」実定法に書き込んでしまった二〇〇三年改正にあったのかもしれません。

民事訴訟法の訴訟物理論が原因？

もう一つ、これはやや込み入った法律論になりますが、金銭解決制度の導入が困難な原因は民事訴訟法の訴訟物理論にあります。訴訟物とは、訴訟における請求の対象のことで、お金を払えという給付の訴えと法律関係の確認の訴えでは訴訟物が違います。民事訴訟法学では新旧訴訟物理論というのがあって、例えば賃貸借契約終了に基づく返還請求と所有権に基づく返還請求は、旧訴訟物理論では別々の訴訟物ですが、新訴訟物理論では紛争実態から見て一つの訴訟物になります。「手段的権利が複数存在するにとどまり、訴訟で解決すべき目的は一個であるとみるべき」(三ケ月章『民事訴訟法　第三版』弘文堂、一九九〇年)という考え方からです。とはいえ、さすがに金銭給付請求と地位確認請求を一つの訴訟物と捉えるような理論は存在しません。

しかし一方、労働紛争の社会的実態からすれば、不当解雇に対して補償金を支払えという請求と、解雇は無効だからその間の未払い賃金を支払えという請求は、ものの言い方が違うだけで、ほとんど変わりはありません。判決で解雇無効となっても、職場に復帰して就労する権利は認められないのですから、地位確認請求といってもその実態は金銭給付請求と変わりはないのです。こういう法社会学的認識が、残念ながら民事訴訟法学には的確に取り込まれていないために、訴訟で判決に至らなければ、あらゆるレベルの紛争解決システムで自由自在に行われている金銭解決が、まるで法律で禁止されているかのように思い込まれてしまうわけです。

これがはっきり表れているのが同じく裁判所で行われている労働審判です。労働審判でも、解雇事案の圧倒的大部分は解雇無効による地位確認請求です。伊藤幹郎・後藤潤一郎・村田浩治・佐々木亮『労働審判を使いこなそう！』(エイデル研究所、二〇一四年)には、「申立人が必ずしも職場に戻るつもりがなくても地位確認で行くべきである。……必ずしも職場に戻る意思がなくとも、そのように主張しないと多くの解決金は望めないからである」という記述があります。しかし、労働審判は訴訟ではないので訴訟物理論に縛られません。地位確認請求に対して、金一〇〇万円を支払えというような審判が下され、それで誰も不審に思いません。法社会学的な現実に即した対応が可能になっているのです。

4　移る権利・移らない権利

気がつけば別会社に！

解雇の応用問題として、企業組織変動に伴う労働契約承継があります。会社が分割されたり、営業譲渡されたりして、これまで従事していた仕事が別の会社に移ってしまうというときに、労働者をどのように保護するかという問題です。解雇自由が原則のアメリカでは問題になりませんが、解雇規制のあるヨーロッパ諸国では仕事の移転とともにその仕事をしていた人も移転するというルールが確立しています。その根拠は極めて明確で、初めにジョブありき。そのジョブがなくなったわけではなく単に別の会社に移るだけなのだから、そのジョブにはめ込まれていた人も自動的にその別の会社に移るのが当たり前ということです。前述の借家契約になぞらえていえば、家主が変わっても今住んでいる家に住み続けられる権利を保障しようということですね。

日本でも二〇〇〇年前後に商法が改正されて、新たに会社分割制度が設けられ、労働者保護をどう図るかということが論点になりました。当時、私はEUから戻って少し経った頃でしたが、連合からシンポジウムをやるからEUの法制を報告してくれと頼まれ、EUではこれこれこのように、仕事と一緒に労働契約が自動的に移転され、解雇は許されないのだというようなことを喋って、ふと上を見上げたら、会場の横断幕には「気がつけば別会社に!」と書かれていました。EUと日本では発想がまるで逆であるということを痛感したのはこのときです。

元の会社に残されるのが最大の悲劇

ヨーロッパでは、ある会社で自分がやっている仕事が分離されて別の会社に移ってしまうのに、自分がそれから切り離されて元の会社に残されてしまうのが最大の悲劇になります。移転が嫌だといって元の会社に残っても、ジョブがなくなっているので雇用は保障されません。そこで、ジョブと一緒に労働者も移転するというのが大原則になります。ジョブ型社会とはそういうものです。

日本では職務が限定されていませんから、ある時点をとれば主として従事している職務はこれだということはできますが、それでも業務分担自体結構曖昧です。また主として従事している業務といえども、それは会社に命じられたから従事しているだけであって、人事異動が発令されたら全然違う部署の仕事に回されるといったことも普通です。そういうメンバーシップ型社会に、ジョブ型社会のルールを持ち込むと、かえっておかしな事態が生じます。

二〇〇〇年の労働契約承継法自体、分割計画書の記載を基本としつつ、主に従事する職務を優先させる方向への修正を認める仕組みです。就職よりも就社が一般的な日本の雇用慣行を踏まえつつも、労働者からの異議申出権を職務優先の場合にのみ認めるという形で整理を図っているわけです。ところがその後日本で裁判になった事例を見ると、二〇一〇年七月一二日の日本IBM事件最高裁判決では、労働者側はEUであれば当たり前の主従事労働者が承継されたことに異議を唱えていました。まさに「気がつけば別の会社に！」が問題だったのです。日本IBMのような外資系企業の労働者といえども、事業が移転されたのに気がつけば元の会社に残されてしまうことこそ問題だと考えるヨーロッパの労働者とは、発想のベクトルが全く逆向きであることが分かります。

第3章　賃金——ヒトの値段、ジョブの値段

一　生活給を「能力」で説明した年功賃金の矛盾

1　職務評価による固定価格がジョブ型賃金

職務評価はヒトの評価ではない

再三繰り返しますが、ジョブ型の賃金制度は職務に基づく賃金制度です。ジョブに値札が付いています。ではその値札はどのようにして付けるのでしょうか。それが職務評価です。この言葉は圧倒的に多くの日本人が誤解する言葉なので繰り返し強調しておきますが、職務評価とはいかなる意味でもヒトの評価ではありません。ジョブそのものの評価です。誰がその椅子に座ろうが、座ったヒトにはその値札通りの賃金が支払われることになる、その値段をつける行為です。

とはいえ、ジョブ型社会でもかつては職務評価などというものはありませんでした。職種別賃金は、もともと中世のギルドの伝統を受け継ぐ職業別労働組合が自分たちの提供する労働力の価格として定めるものでした。二〇世紀に入ると、テイラーの科学的管理法が導入され、様々な職種が企業の中のジョブとして再編されていき、企業が職務分析や職務評価を行い、ジョブディスクリプションを作成し、ジョブの価格を決定するようになります。新興の産業別組合はこのジョブを前提としつつ、その価格を団体交渉を通じて決定することを試みます。これが二〇世紀システムの柱である団体交渉による労働条件決定システムです。

やがて労働組合の組織率が低下し、団体交渉によって職種別賃金を決定する分野が縮小してくるにつれ、特に組織率の低いホワイトカラー職種を中心に、企業が設定する各ジョブの価格が妥当なものであることを示すための仕組みとして、ヘイ・コンサルティングなどの民間企業が開発した職務分析、職務評価が広く使われるようになっていきました。これを使えば企業の方も安心なので、今ではジョブ型社会の賃金はほぼ職務評価に基づく固定価格となっています。

職務評価は男女平等の武器に

一方、近年欧米諸国で職務評価が問題となるのはもっぱら男女平等との関連においてです。伝統的に定められてきた職種別賃金が、男性優位の職種では不当に高く設定され、女性の多い職種では不当に低く設定されているのではないかという、女性労働者の異議申立てに応えるものとして職務評価が改めて脚光を浴びるようになったのです。同一労働同一賃金自体はジョブ型社会の基本原理ですが、それだけでは女性差別を解消できないというのがフェミニストの発想であり、彼らは(男女間でその分布に格差のある)異なる職種であっても、つまり同一労働ではなくても、同じ価値の労働であれば、同一の賃金が支払われるべきだと主張したのです。これが、狭義の同一労働同一賃金とは異なる意味の同一価値労働同一賃金という概念です。日本では全く違う意味で使う向きもありますが、世界的に通用するのはこの意味でだけです。

このように、職務評価に基づくジョブ型の賃金制度と以下で説明する日本の賃金制度とは水と油のようなものですが、パートタイム労働者の均等・均衡処遇政策の一環として、厚生労働省のホームページの目立たないところにひっそりと、職務分析・職務評価の導入支援のコーナーが置かれています。中身は単純比較法、分類法、要素比較法、要素別点数法といった手法の紹介です。

2　生活給から「能力」主義への曲がりくねった道

軍人が生活給を提唱し

これに対し、メンバーシップ型賃金制度である年功制は、その説明原理が戦後七〇年の間にがらりと入れ替わった点が何よりも重要です。ここは、真実をごまかした議論が横行している領域なので、歴史的な流れをきちんと追いかけながらその推移を確認しておきたいと思います。

戦後確立した日本の賃金制度の基本的な思想は生活給にありました。生活給とは、賃金は労働者の家族も含めた生活を賄うべきものであるという考え方です。その出発点は第一次大戦直後の一九二二年、呉海軍工廠のトップだった伍堂卓雄中将が、『職工給与標準制定ノ要』の中で生活給思想を打ち出したことにあります。労働者が左翼思想に走らないように、家族も含めた生活を賄えるようにすべきだという発想でした。国の制度として普及していくのは戦時体制下です。戦争末期の一九四四年、名古屋高等商業学校の中川一郎が「賃金制の否定と給与制の確立」において生活給思想を謳い上げていますが、労働者の労働に応じた賃金ではなく、勤労者の家を対象とした給与制にしなければならないと主張していました。

法制度としては、太平洋戦争の始まる少し前から国家総動員体制の下での賃金統制として進められました。まず一九三九年に第一次賃金統制令が出され、初任給の最低額・最高額を公定しました。同年の賃金臨時措置令では、定期昇給だけが許されるという仕組みになりました。翌一九四〇年に第二次賃金統制令が出され、厚生省労働局が男女別、年齢階層別の賃金表を公定しました。当時は、厚生省労働局がブルーカラー(職工)の賃金を所管し、ホワイトカラー(職員)の給与は大蔵省理財局の所管でした。そのため、賃金統制令は厚生省の所管ですが、大蔵省所管の会社経理統制令も同じ一九四〇年に出されており、この中で、ホワイトカラー(職員)の初任給や昇給率とともに超過勤務手当を初めて法定しています。

賃金統制の決定版が一九四二年の重要事業場労務管理令で、各事業主に賃金規則や昇給内規の作成を義務付け、昇給内規により従業者を昇給させよとするなど、年功的な賃金の在り方を国が法令で強制しました。しかしこれらは全て、戦後GHQの支配下で廃止されたはずでした。

労働組合が生活給を作り上げ

ところが終戦直後の時期に、日本の労働組合が労使交渉の結果作り上げた賃金体系は、GHQが考えていたものとは全く違うものでした。最も典型的なのは電力産業における電産型賃金体系です。賃金表は、縦の列は年齢、横は本人、扶養家族一人、二人、三人、四人となっており、本人が何歳で扶養家族が何人かによって自動的に基本給が決まるという仕組みになっていたのです。

戦時中の賃金統制がなくなった日本においては、生活給の発想に最も近い賃金体系が、労働組合の主導の下で作られ、その後の労使紛争の中で他の業界、企業にもこのような賃金体系が広まっていきました。

GHQがアメリカから呼んだ労働諮問委員会は一九四六年の報告書で、日本の賃金制度は労働者のやった仕事に密接に関連しておらず、年齢や性別とか婚姻関係といったものによって決まるものでありおかしいと、生活給の考え方による電産型賃金体系を批判しました。また、世界労働組合連盟(世界労連)の視察団が翌一九四七年に出した報告書でも、同様に批判しています。しかし、日本の労働組合は断固として生活給思想を守り抜きました。

一九四七年に労働基準法が制定されますが、それに先立ち当時の厚生省の労務法制審議会で公労使が議論しており、そこに出された事務局原案では男女同一価値労働同一賃金となっていました。

これに対し、労働側は年齢と扶養家族の数によって賃金を決める生活給と矛盾するのではないかと批判し、結果的に労働基準法第四条は「男女同一賃金の原則」となりました。これは、男女別に賃金表を作ってはいけないというだけの規定に過ぎません。

経営側が職務給を提起し

終戦直後は労働組合が雨後の筍のごとく作られ、労使紛争も頻発していました。経営側はやがて日経連を結成し、徐々に地歩を取り返していきました。では、当時の日経連は賃金の在り方についてどのような発言をしていたのでしょうか。

まだ占領下の一九五〇年に出した「新労務管理に関する見解」では、一部に残存する生活給偏重の傾向を捨てて、職階制の長所を採用することによって、人事の基準を仕事内容に置き、仕事の量及び質を正確に反映した給与形態をとることができ、結果として仕事内容と無関係な身分制の固定化と給与の悪平等をなくすことができる、と言っています。

一九五五年には日経連編の分厚い『職務給の研究』を刊行し、生活給ということで年齢や扶養家族で賃金が決まることは悪平等であり、同一労働同一賃金、即ち、異なる労働には異なる賃金であるべきであって、仕事の量と質によって賃金を決めるのだと宣言しています。この考え方は、一九六〇年代になっても変わっていません。この頃、日経連は毎年のように賃金問題についての政策文書を出していますが、日本的な雇用の在り方に対して否定的な考え方を繰り返し提起し、職務価値に応じた合理的な賃金体系が重要であるとしていました。

政府も職務給を唱道したが

政府の経済政策では、最も有名なのは一九六〇年に池田勇人内閣が作った「国民所得倍増計画」です。その中に、当時の経営側の主張と相まった形で、日本的な雇用の在り方に対する批判的な記述があります。「生涯雇用的慣行とそれに基づく年功序列型賃金体系を技術革新の進展に適合して職業能力に応じた人事待遇制度へ改善してゆくことが必要」とも言っています。また、経済企画庁の経済審議会が「人的能力政策に関する答申」を一九六三年に出していますが、ここでの政府の考え方も同一労働同一賃金であり、職務の価値に応じて異なる労働には異なる賃金という秩序を作るべきだというものでした。一九六七年に政府がＩＬＯの「同一価値の労働についての男女労働者に対する同一報酬に関する条約」(第一〇〇号)を批准したのも、こういう時代精神を抜きにしては理解しにくいでしょう。

一方、一九五一年に日本労働組合総評議会(総評)が結成され、翌一九五二年に「賃金綱領」を策定しました。そこではマーケットバスケット方式という言い方で、家族も含めた生活に必要なものを全部積み上げていって、それが賃金要求なのだという考え方を示しています。この生活給の考え方がずっと続いていきます。

しかし一九五〇年代後半から高度成長が始まると、若者を中心に労働者の中からも年功的な賃金を批判し、経営側の同一労働同一賃金に基づく職務給の主張に対する賛同の声が出てきました。それを踏まえて一九六二年の総評の運動方針では、「職務給は同一労働同一賃金を実現するものだという宣伝をするが、我々が要求しているのは、単に年功なり、男女なりの賃金格差が縮小すればよいということではなく、年配者、男子の賃金を引き上げながら、青年なり婦人なり、臨時工なりの賃金を一層大きく引き上げて短縮する。言い換えれば、同一労働同一賃金は賃金引き上げの原則であって、単なる配分の原則ではない」と苦しい言い訳をしています。

経営側が職務給をやめた

経営側は熱心に同一労働同一賃金に基づく職務給を唱道し、政府も国民所得倍増計画等に見るように職務給に変えるべきだと主張していました。労働側では、総評は批判的であり、中高年男性の賃金を引き下げようとしていると邪推していましたが、総評以外の労働組合は、職務給の考え方は正しいが、社会保障が確立していない日本ではいろいろと問題があると主張していました。総評傘下の労働組合の中にすら、欧米型の横断賃率の確立を主張するものがあったのです。一九五〇年代、一九六〇年代のこの問題に対する政労使の立場、配置状況はおおよそそのようなものでした。後の時代から見ると信じられないような立ち位置ですが、それが一九六〇年代後半から一九七〇年代にかけて変わっていったのです。

この立ち位置の転換を主導したのは経営側です。その転換点に位置するのが、一九六九年に出された『能力主義管理』(日本経営者団体連盟)です。「われわれは先達の確立した年功制を高く評価する。年功制は今日までの日本経済の高度成長を可能とした企業における制度的要因」の一つであったと言いつつ、しかしながら単純に年功制を認めるのではなく、能力を厳しく査定することこそが能力主義管理が打ち出したポイントでした。

日経連として、能力主義と従来主張してきた職務給との整合性をどのようにとるかが問題ですが、能力主義といっても職務と全く切り離されるわけではなく、「職務の要求する能力を有する者が適職に配置されるという能力主義の適正配置が実現されれば、職務給、職能給、いずれも同じこと」であると述べています。日経連が能力主義管理を打ち出したことによって、先ほど指摘した政労使の配置状況の存在理由がなくなってしまい、この後、政労使を巻き込んだ賃金に関する議論は長い間、消えることとなったのです。

「能力」主義で決着

さて、これ以後の日本の賃金制度は本音と建前が微妙に乖離した複雑怪奇な代物として展開していくことになります。もともとの年功制の動機であった生活給の発想は、職能給の公式的な説明原理としては姿を消しました。結婚して妻を養うようになり、子どもが生まれてその養育に費用がかかるようになることと、職務遂行能力が上がっていくこととは、論理的にはつながりようがないからです。公式の説明はあくまでも、定期人事異動によって様々な仕事を経験することによって、その時その時にあてがわれた仕事では必ずしも発揮されていないかもしれないけれども、潜在的な「能力」は上がり続けているのであって、それゆえにその「能力」に見合った賃金を支払っているのだ、というものです。これによって、経営側は労働側の生活給の主張に膝を屈したのではなく、職務限定的な欧米型の職務給とは異なる職務無限定にふさわしい「能力」に基づく賃金体系に進化したのだと説明することができました。

とはいえ、職能給に労使が合意したのは、それが年齢とともに上昇する賃金体系だからであって、適当にでっち上げた理屈や膏薬のゆえではありません。説明の仕方が何であれ、職能給によって年齢とともに増大する妻や子どもも含めた生活費が賄えるからこそ、それは誰も文句を言わない賃金制度として確立したのです。もっと深読みすると、労働組合内部からも特に若者層から生活給に対する疑問や批判が噴出しつつあった労働側にとって、不可視の「能力」によって年功賃金を説明してしまえる職能給はありがたい存在だったのかもしれません。

3 下がらない「能力」の矛盾とご都合主義の成果主義

「能力」はスキルと異なる不可視の概念

職能給でいうところの「能力」とは、繰り返しになりますが特定のジョブを遂行するスキルとは全く異なる不可視の概念です。スキルであれば測定できます。現にそれを測定する仕組みが日本にもあります。一九五八年に制定された職業訓練法（現在は職業能力開発促進法）には技能検定に関する規定が設けられ、製造業と建設業を中心に一三〇の職種について、都道府県や指定試験機関が毎年二回実施し、合格者は技能士と称することができます。技能士と称することができてどういうメリットがあるのでしょうか。法制定時には政府もジョブ型社会を目指していましたので、まさにヨーロッパ諸国のように技能士資格によって労働協約上の高賃金が得られるようになることを想定していたのです。残念ながらそうはならなかったのですが、技能検定は社内の人事評価に使われることでなんとか命脈を保っています。製造業や建設業の現場では、技能検定で評価されるようなスキルがなお重要な意味を持っているからです。

それに対してホワイトカラーの職場では、法律上の技能検定制度は存在しません。代わりに一九九〇年代からビジネス・キャリア制度と称して、人事・労務、経理・財務等の分野ごとに専門知識の教育訓練を認定する仕組みがありますが、世の中にほとんど影響を与えていないと思われます。知らない人がほとんどでしょう。見えざる「能力」万能の世界では、なまじ「見える化」されたスキルなど邪魔者でしかないのです。

下がらない「能力」の幻想

そうした「能力」信仰に学問的装いを与えたのが、小池和男の知的熟練論でした。彼は、大企業では年齢や勤続とともに賃金が上がり続けるのに、中小企業ではそれが鈍化し、横這いになるのはなぜかと問い、それは労働能力の違いによるのだと説明します。大企業の労働能力は一〇年を超えてもなおより高い職務へ昇り続けるのに対し、中小企業の労働能力は必要経験年数が五〜一〇年どまりの職務の遂行にとどまっているというのです。何のことはない。別の要因で決まっているかもしれない大企業と中小企業の賃金水準の違いを、見えない「能力」で説明し尽くしたふりをしているだけです。

とはいえ、本音は生活給である年功制を合理的なものであると経済学的に説明してくれるこの理論の利用価値は極めて高いものでした。あまりにも便利すぎて、始末に負えなくなる局面が出てきます。それが既に述べた中高年の高給問題です。もともと生計費の必要性から高く嵩上げされていた中高年労働者の賃金を、自分自身ですら自らの高い「能力」のゆえだと思い込むようになったところに、円高不況が来たりバブルが崩壊したりすると、その化けの皮が剝ぎ取られることになります。小池は中高年をターゲットにしたリストラを厳しく批判しますが、その原因は企業が不況下で排出したくなるくらい賃金と貢献がアンバランスになった中高年の「能力」幻想にあったと言わなければなりません。

「能力」と情意の人事査定

さて、年功賃金の説明原理がもともとの生活給から「能力」主義になったことにより、その「能力」なるものの査定が極めて重要な意味を持つようになります。マクロ的には右上がりの賃金カーブを描くとはいいながら、査定が良ければそのカーブはより急角度で上がる一方、査定が悪ければそのカーブはより平べったくなるからです。

序章で述べたように、ジョブ型社会では一部のエリート層を除く大多数の労働者に査定などなく、ジョブに付けられた値札通りの賃金が支払われるのに対し、末端のヒラ社員に至るまでいちいち人事査定が行われ、それに応じて一人ひとりの賃金額に差がつけられるのが日本の特徴です。そして、後述の成果主義が流行するまでは、その査定はもっぱら「能力」と情意に基づいていました。

とはいえ、この「能力」とは、今まで説明してきたように、ジョブのスキルとはほとんど関係のない不可視の概念であり、やる気を意味する情意と区別することも困難です。実際、熊沢誠は『能力主義と企業社会』（岩波新書、一九九七年）の中で、評価されているのは「生活態度としての能力」であると喝破しています。会社に言われたことは何でもやれるのが査定対象たる「能力」であったと言えましょう。

そういう「能力」査定の実態を露呈しているのが、少数派組合に所属している労働者に対する賃金差別問題です。こうした訴えは一九六〇年代から各地の労働委員会に提起されるようになり、やがて裁判所の判決を通じて判例法理として確立していったのが大量観察方式です。これは、そもそも査定基準が主観的なことから、当該組合員とそれ以外の従業員をグループ分けし、それぞれの平均値、最頻値、時系列変化などにより、不当労働行為意思による差別の存在を認定するものです。日本の最高裁判所は紅屋商事事件判決（一九八六年一月二四日）でこれを認めました。最高裁判所が大量観察方式を認めたということは、日本企業の人事査定というものは、何らかの差別的意思がない限り、おおむね年功的に行われているものだという認識を示したものだと言うことができるでしょう。「能力」査定とは、会社に逆らう不逞の輩に対するちょうど手頃な懲罰の道具であったわけです。

同様に、「能力」査定が男女差別の道具として活用されていたことを示すのが、拙著『働く女子の運命』（文春新書、二〇一五年）で紹介した住友金属工業事件大阪地裁判決（二〇〇五年三月二八日）です。女性と異なり、高卒男性がほぼ一律に昇進しているのを「能力」で説明しようとする会社側の姿は、客観的に測定不可能な「能力」という概念の無敵さを語っています。

かくも都合のよい万能の「能力」主義が、しかしながらやがて企業にとっての桎梏に転化し、企業はそこから脱却したいという欲望をたぎらせるようになります。会社に逆らわず唯々諾々と人事命令に従ってきた結果として得られているその高給が、その会社への貢献にはとうてい見合わないと判断されることになった中高年社員たちがそのターゲットです。

ご都合主義の成果主義

とはいえ企業側としても、職務無限定で様々な仕事に回していけるというメンバーシップ型のメリットを捨てる気持ちは毛頭ありません。その需要に応える形で一九九〇年代に登場したのが成果主義だったのです。ですから、この日本型成果主義は、ジョブ型社会のハイエンド労働者層に適用される成果給とは異なり、成果を測る物差しとなるべき職務が何ら明確ではなく、「上司との相談で設定」という名の下で事実上あてがわれた恣意的な目標でもって、成果が上がっていないから賃金を引き下げるという理屈付けに使われただけだったと言えます。つまり人件費抑制には効果はあったのですが、賃金決定の基本にある不可視の「能力」をそのままにして、それを恣意的に操作するためにジョブと関わりのない成果を持ち出してきてしまったために、労働者側における納得性が失われてしまい、結果としてモラールの低下につながったという評価が妥当でしょう。

こうして一九九〇年代から二〇〇〇年代にかけての頃に一世を風靡したものの見事な失敗に終わった成果主義を、もういっぺん今度は成果を測定する物差しとしてのジョブを明確化することによって再チャレンジしようとしているのが、序章でやや詳しく分析した二〇二〇年以来の日本版ジョブ型ブームではないかというのが、私の解釈です。

ですからその目的は成果主義によって中高年の不当な高給を是正するところにあり、それを正当化する限りにおいて成果測定の物差したるジョブの明確化を追求はしますが、とはいえ雇用システム全体のジョブ型化を目指すつもりはなく、少なくとも初めにジョブありきでそこに適合する労働者をはめ込むという意味における本来のジョブ型雇用を実践する気は毛頭ないと考えていいと思われます。

ところが一方、正社員における成果主義の強調と時期を同じくして、全く逆の方向からジョブ型賃金制度につながる議論が出てきました。近年は同一労働同一賃金というスローガンを掲げて進められてきた非正規労働者に対する均等・均衡処遇の問題です。

二　日本版同一労働同一賃金という虚構

1　非正規労働者の均等・均衡処遇政策

同一労働同一賃金に「踏み込む」だって？

二〇一六年一月、時の安倍晋三首相は第一九〇回通常国会衆議院本会議における施政方針演説で、一億総活躍への挑戦の一環として「非正規雇用の皆さんの均衡待遇の確保に取り組む」と述べつつ、「更に、本年取りまとめる「ニッポン一億総活躍プラン」では、同一労働同一賃金の実現に踏み込む考えであります」と踏み込んだ発言をしました。この言葉をニュースで聞いたり、新聞で読んだ人のうち、労働問題に少しでも素養のある人はみな驚いたでしょう。私も驚いた一人です。

なぜ驚くのかといえば、同一労働同一賃金とは本来、同一ジョブ（の同一スキル）に対して同一賃金を支払うべしという、ジョブ型社会の基本原理を指す言葉だからです。ですから、安倍前首相が「同一労働同一賃金の実現に踏み込む」と述べたとすれば、それは日本をジョブ型社会にすると宣言したにも等しい意味を持つはずなのです。ところが、その後の政策過程は全くそのようなものではなく、それまで進められてきた非正規労働者に対する均等・均衡処遇政策をほんの少し改善しただけのものに過ぎませんでした。それを日本政府は日本版同一労働同一賃金と称していますが、それはほとんど虚構に近い用語法だと言うべきでしょう。

同一労働同一賃金はジョブ型社会の原則

そもそも、ジョブ型社会においては賃金は職務に基づいて決められますから、おかしな歪みが生じているのでない限り同一労働同一賃金は現実社会の原則です。ではなぜ欧米社会でも同一労働同一賃金という言葉が運動のスローガンとして使われてきたのかといいますと、これは男女均等との関連においてなのです。拙著『働く女子の運命』で詳しく述べましたが、欧米社会でもかつては男尊女卑の意識が強く、高スキル高賃金の男性職域に女性が進出してくるのを忌み嫌うマッチョな男たちがいっぱいいました。イギリス労働組合会議(TUC)が一八八八年に男女同一賃金法の制定を求めたとき、それは急激に増大してきた低賃金女性労働者によって男性労働者の賃金が引き下げられることを予防しようという意図によるものでした。とりわけ第一次大戦で男性労働者が多数軍事動員され、労働力不足を補うために多くの女性が投入されるという事態(ダイリューション(水割り)と呼ばれました)に直面して、男女同一労働同一賃金が主張されたのです。

それに対して女性解放運動以後のフェミニストは、男性優位の職種では賃金が不当に高く設定され、女性の多い職種では不当に低く設定されているのではないかと異議を申し立て、同一労働ではなくても、同じ価値の労働であれば、同一の賃金が支払われるべきだと主張したのです。これが、狭義の同一労働同一賃金とは異なる意味の同一価値労働同一賃金という概念です。日本では経団連が全く違う意味で使ったこともありますが、世界的に通用するのはこの意味だけです。

ということは、そもそも日本以外の社会では、正社員と非正規労働者という雇用形態による賃金格差の問題について、同一労働であれ同一価値労働であれ同一賃金云々という議論をすること自体がないのです。意外に感じる人が多いと思いますが、非正規労働問題を同一労働同一賃金という枠組みで議論していること自体が、日本社会がいかに他のジョブ型社会と隔絶した世界になっているかをよく示しています。それはよほど日本のことを熟知した人でない限り、ほとんど理解してもらえないような問題設定なのです。

身分による賃金制度の違いを前提にした均等・均衡処遇政策

同一労働同一賃金に「踏み込む」まで、段階を踏んで徐々に進められてきた非正規労働者の処遇対策は、均等・均衡処遇と呼ばれています。それは、メンバーシップ型であるがゆえに賃金制度も普遍的な職務給ではなく、正社員は前述のような性格の複雑な職能給(本音としての生活給の上に理屈としての能力主義が乗っかり、さらにそれが成果主義によって押し曲げられている身分型給与)であり、非正規労働者は最低賃金に若干上乗せした程度の外部労働市場決定型の職務給であるという二極分解した世界において、賃金決定原理そのものには敢えて手を触れず、しかし過度な格差は是正していこうという考え方です。

その展開の歴史を簡単に振り返ってみましょう。実は、経営側や政府が職務給を追求していた高度成長期には、非正規労働政策も「本来、本工、臨時工という身分差に基づく雇用条件の差は認められるべきではなく、将来職務要件に基づく人事が徹底すれば、同一職務における身分差は消滅するであろう」(前掲、一九六三年経済審議会答申)と、同一労働同一賃金を目指していたのです。当時出現してきたパートタイマーについても、「パートタイマーは労働時間以外の点においてはフルタイムの労働者と何ら異なるものではない」(一九七〇年婦発第五号)と断言していたくらいです。

ところが、このパートタイマーは身分ではないという発想は石油ショック以後の企業主義時代には失われていき、一九八四年八月の労働基準法研究会報告は、採用基準や採用手続の違いからパートタイマーを異なる身分として扱う日本的雇用慣行を所与の前提として、賃金等の労働条件に行政的に介入することを否定していました。政府が一九九三年に国会に提出したパートタイム労働法案にも、均等はおろか、均衡という文字もなかったのです。その後につながる「その就業実態、通常の労働者との均衡等を考慮して」という一句は、このとき国会修正により盛り込まれたものです。

この均衡の二文字が、その後のパートタイム法政策を駆動してゆきます。労働行政はいくつもの研究会の開催を重ねて、二〇〇三年八月にパートタイム労働指針を改正しましたが、そこでは「人事異動の幅及び頻度、役割の変化、人材育成の在り方その他の労働者の人材活用の仕組み、運用」が、通常の労働者と同じであるか異なっているかによって、前者は均等処遇、後者は均衡処遇という方向性を示しています。

日本型正社員を法律に書き込んだ改正パート法

この発想が法律上に書き込まれたのが、二〇〇七年九月の改正パートタイム労働法です。これにより、「業務の内容及び当該業務に伴う責任の程度が当該事業所に雇用される通常の労働者と同一の短時間労働者であって、当該事業主と期間の定めのない労働契約を締結しているもののうち、当該事業所における慣行その他の事情からみて、当該事業主との雇用関係が終了するまでの全期間において、その職務の内容及び配置が当該通常の労働者の職務の内容及び配置の変更と同一の範囲で変更されると見込まれるもの」という極めて厳格な条件のもとにパートタイマーへの差別が禁止されましたが、それ以外のパートタイマーについては「通常の労働者との均衡を考慮しつつ」、「職務の内容、職務の成果、意欲、能力又は経験等を勘案し、その賃金を決定する」努力義務にとどまりました。

この大変複雑な規定の仕方に、日本型雇用システムにおける正社員の姿がくっきりと浮かび上がっています。つまり、通常の労働者であるためには、単に雇用期間の定めがないだけでは足りず、職務内容や配置が定期的に変更されていくことが求められているのです。これは欧米の通常の雇用契約では考えられないことです。職務内容や就業場所が契約で定まっていない日本型正社員と全く同じ雇用管理の下にありながら、所定労働時間だけが短時間となっている極めて特殊な労働者（短時間正社員）についてのみ、差別禁止を認めたという意味では、むしろ身分論的な処遇の違いを前提にしているとも言えます。

その後、二〇一一年にJILPTから「雇用形態による均等処遇についての研究会」報告が出され、その報告書なども受けて翌二〇一二年八月に労働契約法が改正されましたが、その第二〇条に「期間の定めがあることによる不合理な労働条件の禁止」が入ったことが重要なポイントです。何が不合理なのかというと、「労働者の業務の内容及び当該業務に伴う責任の程度、当該職務の内容及び配置の変更の範囲その他の事情を考慮して、不合理と認められるものであってはならない」というのですから、職務や配置の無限定性が日本型正社員にどこまで近いか遠いかによって不合理の度合が判断されるということです。「その他の事情」という万能選手も入っています。この考え方は二年後の二〇一四年四月にパートタイム労働法にも盛り込まれました。

一方、二〇一五年九月に議員立法として成立した労働者の職務に応じた待遇の確保等のための施策の推進に関する法律（提出時の略称は「同一労働同一賃金推進法」）は、直接権利義務に関わるような規定はありませんが、基本理念として「労働者が、その雇用形態にかかわらずその従事する職務に応じた待遇を受けることができるようにすること」を掲げており、同一労働同一賃金というスローガンを人口に膾炙させるのに効果がありました。

2　同一労働同一賃金という看板を掲げた政策過程の裏側

常識外れの立法政策

こういう舞台装置がしつらえられてきたところに、二〇一六年一月の安倍前首相の「同一労働同一賃金の実現に踏み込む」宣言が飛び込んできたのです。労働問題に少しでも素養のある人であれば、政府は今までの微温的な均等・均衡処遇政策を捨てて、本格的に同一労働同一賃金政策を推進しようとしているのだろうか、と思ったはずです。ところが、その後の立法プロセスはそのような常識に反する形で進められていくことになりました。

常識外れの立法政策を支えるイデオローグとして活躍したのが、『労働法入門』(岩波新書、二〇一一年(新版は二〇一九年))の著者でもある水町勇一郎です。彼は翌二月の一億総活躍国民会議に参考人として呼ばれ、日本でも同一労働同一賃金原則の導入は可能だと語ったのです。その論拠は、ヨーロッパでも労働の質、勤続年数、キャリアコースの違いなどが同一労働同一賃金の例外として考慮に入れられており、同一労働に対して常に同一の賃金を支払うことが義務付けられているわけではないので、日本でも同一労働同一賃金原則の導入は可能だというものでした。

彼我の雇用システムを知っている人であればあるほど、この議論の陥穽に気がつくはずです。賃金決定の基本原則が何か(職務に値段が付くのか、ヒトに値段が付くのか)という話と、それを個別事情に応じてどう修正付加するかという話が、意図的にごっちゃになっているのです。ヨーロッパは原則職務によって決まる賃金に勤続年数やキャリアコースが「加味」されるのですが(この「キャリアコースの違い」なるものも、実はカードル同士の加算率の二%の違いがそれまでの昇進履歴によるものというたった一件の判例でしかないのですが)、日本ではそもそも職務などとは一切関係なく原則勤続年数やキャリアコースで決まる賃金に、意欲や「能力」や「成果」が加味されるのであって、本体とおまけが入れ替わっています。ただ、水町ほどの労働法学者がそこに気がついていないはずはありません。ここには、二重三重にいろんな思惑が絡み合っているように思われます。かなりの想像を交えながら、その政治的な構図を読み解いてみましょう。

職能給への統一を目指した水町理論?

この時期、官邸は日本型雇用システムを抜本的に変えるのではない形で同一労働同一賃金が可能だという学説を希求していましたが、水町以外は、①賃金制度をジョブ型に総入れ替えなんてできないのだから同一労働同一賃金は不可能と論ずるか、②同一労働同一賃金を実現するために賃金制度をジョブ型に総入れ替えすべしと唱えるかのいずれか(とはいえ、両者は論理的には同値ですが)で、どいつもこいつも役に立たない学者ばかりだ、と思っていたのでしょう。そこに、それが可能だと論証してくれる大学者が登場したのですから、飛びついたのは当然です。

しかし、水町の真の意図はもう少し深いところにあったように思われます。前述の本体とおまけをごっちゃにしたような屁理屈で表面を取り繕い、日本の職能給を職務給に変えなくてもいいと官邸を安心させておいて、職務給に限らない同一労働同一賃金原則を日本法制に導入することによって、いかなる賃金制度をとるかは自由だけれども、その賃金制度の下で正社員と非正規労働者を同一の基準で処遇しなければならないという規範を実現しようとしていたのではないかと想像されるのです。正社員が職能給なら非正規も職能給にしろ、おまけで差がつくのは構わないが、本体は一緒にしろ、というのは、この無理難題に対する見事な解法と言えます。

とはいえ、人事労務に関わる人ならみんな気がつくように、この解法は日本型雇用システムの最も根幹に関わるものであり、正社員の賃金制度を職務給にするのと同じくらいの大転換を求めるものです。そもそも、日本型雇用システムという言葉には広狭二つの用法があります。私がメンバーシップ型と呼ぶ正社員の仕組みを日本型雇用システムと呼ぶこともあるし、それと相補的な(ある面でジョブ型である)非正規労働者の仕組みも含めてその総体を日本型雇用システムと呼ぶこともあります。もっとも、労働研究者であればともかく、世間の普通の人々にはその両者を明確に区別して考えるのはなかなか容易ではありません。

日本型雇用システムを抜本的に変えるのではない形で同一労働同一賃金が可能だという水町理論は、正社員の職能給を職務給に総入れ替えしなくてもいいという意味では前者の日本型雇用システムを維持するものですが、もしそれが非正規労働者の職務給を職能給に総入れ替えしろということを意味するのであれば、それは後者の日本型雇用システムの抜本的転換を含意するものとも言えます。水町の、一般人には素直に受け入れられやすいけれども、労働研究者からは容易に突っ込みが入りやすい議論の裏側には、実はその両者の目にも映らないように巧みに仕込まれた解法が隠されていたのではないか、というのが私の想像に想像を重ねた解釈です。

「注」が全てのガイドライン

二〇一六年一二月に発表された「同一労働同一賃金ガイドライン案」の基本給に係る記述は、三ページにわたる本文ではもっぱら正社員と非正規労働者が同じ賃金制度の下にあることを前提にして、これはOK、これはダメと振り分けていますが、そんな前提の成り立つ企業など、日本にはほとんど存在しません。間違いなく空振りになるような記述ばかりを延々と書き並べているのは、書いている人が無知だからではなく、分かっていながらわざとそうしていると考えるべきでしょう。

つまりこの一見出来の悪い作りは、同一労働同一賃金が立法化されてガイドラインに頼ろうとする企業に、正社員と非正規労働者を同じ正社員寄りの賃金制度に統一しなければならないと思わせるための、壮大な仕掛けであったのではないかと思われるのです。そのためには、日本の企業の圧倒的大部分を占める両者の賃金制度が異なる場合には敢えて言及しないことが重要です。さらに穿って考えれば、本文の記述が正規非正規ともに能力給、成果給、年功給というケースだけ書いて、正規非正規ともに職務給という一番素直なケースを敢えて黙殺しているのも、ジョブ型への統一という可能性を読者の目から逸らすための見え透いた工夫なのかもしれません。

実際、その直前の一一月の働き方改革実現会議に提示された水町のペーパーでは、両者の賃金制度が異なる場合については全く言及していませんでした。ところが翌月のガイドライン案では、基本給の項の一番最後にいかにもとってつけたかのように「(注)」が付け加えられ、「無期雇用フルタイム労働者と有期雇用労働者又はパートタイム労働者の賃金の決定基準・ルールの違いがあるとき」には、「将来の役割期待が異なるため……という主観的・抽象的説明では足りず」、「賃金の決定基準・ルールの違いについて、職務内容、職務内容・配置の変更範囲、その他の事情の客観的・具体的な実態に照らして不合理なものであってはならない」と書き加えられました。圧倒的多数の企業に関わりがあるのは長々しい本文ではなくこちらの注の方です。

これによって、正社員と非正規労働者を原則として同じ賃金制度の下に置けという、水町の真の意図はやんわりと否定され、雇用形態によって賃金制度自体が異なることも、同じ賃金制度の下での個人間の賃金額の違いと全く同じく「職務内容、職務内容・配置の変更範囲、その他の事情」の三点セットで不合理性が判断されることになりました。ここがロードス島だったのでしょう。「将来の役割期待が異なるため……という主観的・抽象的説明では足り」ないという表現からは、かなり厳格な基準が想定されます。賃金制度を敢えて異ならせるだけの客観的・具体的な理由が求められると解されるからです。ところがその直後の表現ぶりは、万能選手の「その他の事情」が含まれ、しかも合理性基準ではなく不合理性基準に緩められています。正社員と非正規労働者の賃金制度が全く異なるほとんど全ての日本企業にとって、この微妙な一文の違いは極めて大きなものであったと言えましょう。

踏み込む前も踏み込んだ後もほとんど変わらない同一労働同一賃金

その後、二〇一七年三月『働き方改革実行計画』を経て、二〇一八年六月に成立した働き方改革関連法により、パート・有期法と労働者派遣法に(それまでの規定に若干修正・付加された)均等・均衡処遇規定が設けられました。この帰結は一言でいえば、「同一労働同一賃金を掲げて均等・均衡処遇を売る」ものと言えましょう。麗々しく打ち出された同一労働同一賃金ガイドライン案は、法改正後「短時間・有期雇用労働者及び派遣労働者に対する不合理な待遇の禁止等に関する指針」という名前になり、その「目的」では「我が国が目指す同一労働同一賃金」を「同一の事業主に雇用される通常の労働者と短時間・有期雇用労働者との間の不合理と認められる待遇の相違及び差別的取扱いの解消」等と定義しており、本来のジョブ型に統一するという意味でも、メンバーシップ型に統一するという意味でも、同一労働同一賃金の名に値しないものになっています。私の憶測を交えて言えば、水町の真意に反してそういうものにされてしまったのではないかと思われるのです。

興味深いことに、改正法施行後の二〇二〇年一〇月一三日と一五日に最高裁判所は旧労働契約法第二〇条に係る五つの判決を下しました。大阪医科薬科大学事件、メトロコマース事件、日本郵便事件（東京、大阪、佐賀）の五件です。マスコミも弁護士も学者までもみんなこれを何の疑いもなく同一労働同一賃金の判決だと呼びました。いうまでもなく旧労働契約法第二〇条は、「同一労働同一賃金の実現に踏み込む」以前の規定です。踏み込む前も踏み込んだ後もほとんど変わりがないという真相を、これほどあからさまに露呈している用語法もないのではないでしょうか。

三　家族手当と児童手当の間

1　家族手当の展開

生活給の精髄としての家族手当

さて、一方で同一労働同一賃金というジョブ型風の政策が展開される一方で、「能力」ですら説明できない純粋の生活給的存在として家族手当がなお日本の賃金制度の重要項目であり続けています。これがどのように作られ、どのように生き残ってきたのか、そしてそれが社会保障制度としての児童手当の発達をいかに阻害してきたのか、あまり語られないその経緯を一瞥しておきましょう。

家族を含めた生活給という発想の原点は前述の伍堂卓雄にありますが、法令で家族手当の支給を義務付けたのはやはり戦時統制下です。一九三九年の賃金臨時措置令によって内規による定期昇給以外の賃金引上げが禁じられたため、生活困難を来した労働者の生活の安定を図るため、一九四〇年二月の閣議決定で扶養家族ある労働者に対し臨時手当の支給を認めたのが始まりです。その後累次の通達で範囲が拡大され、一九四一年七月の厚生省告示により最低賃金及び最高初給賃金に含まれない賃金として家族手当が指定され、一九四三年一月には平均時間割賃金の公定による賃金総額の制限にも含まれないこととなり、同年六月には単位生産量に対する賃金額による総額制限にも含まれないこととされました。こうして賃金統制の例外として家族手当が膨れ上がっていったのです。

家族手当を守る労働組合

敗戦後、澎湃たる労働運動の台頭と相まって労働争議が燎原の火の如く全国を風靡し、賃金何倍引上げといった要求がなされました。しかし、一九四六年二月の金融緊急措置令が賃金を間接的に統制したことを受けて、賃上げ要求の形式は家族手当等の諸手当の拡大、増額という方向に向かい、基本給の割合は著しく小さくなってしまいました。このような賃金の在り方を厳しく批判したのが、GHQ労働諮問委員会と世界労連の日本視察団でした。世界労連の報告書は、「われわれは調査にあたって男女勤労者の基本賃金を発見し得なかった。というのは、報酬は子どもの数に基礎を置かれており、これら家族手当の性質や価値を決定し得ないのである。代表団は全部かかる賃金決定法を非難した。……賃金は勤労者の資格、その労働能力に基礎が置かれねばならぬ。妻子、老齢血続者等、家族扶養義務に対する追加報酬は切り離すべきで、そして、受益者の年齢、資格を問わず、かれら全部に平等な特別の基準のものでなければならぬ」と家族手当を批判しています。しかし日本の労働組合は断固として家族手当を守り抜いたのです。

2　児童手当の曲がりくねった細道

ジョブ型政策としての児童手当

これに対してフランスやイギリスなどヨーロッパ諸国では、家族手当を国の社会保障制度として確立する方向で政策が進められました。それを見習った政策もある時期までは日本で有力でした。その嚆矢はやはり一九六〇年の「国民所得倍増計画」で、「年功序列型賃金制度の是正を促進し、これによって労働生産性を高めるためには、全ての世帯に一律に児童手当を支給する制度の確立を検討する要があろう」と示唆したのです。さらに一九六三年の経済審議会「人的能力政策に関する答申」では、「中高年齢者は家族をもっているのが通常であり、したがって扶養手当等の関係からその移動が妨げられるという事情もある。児童手当制度が設けられ賃金が児童の数に関係なく支払われるということになれば、この面から中高年齢者の移動が促進されるということにもなろう」と述べ、さらに、児童手当は「賃金体系の合理化により職務給への移行を促進する意味もあり、生活水準の実質的な均衡化、中高年労働力の流動化促進等人的能力政策の方向に沿った多くの役割を果たす」とその重要性を強調しています。

これらを受けて厚生省でも児童手当の検討が進められましたが、労使ともあまり積極的ではありませんでした。日経連は生活給的な年功賃金を批判し、同一労働同一賃金に基づく職務給の導入を唱道していましたが、児童手当の導入には否定的でした。一方労働組合は、建前として同一労働同一賃金を掲げながら実際は生活給に固執しており、賃金としての家族手当を易々と放棄するつもりはありませんでした。

その結果、ようやく一九七一年五月に児童手当法が成立したときには、対象児童は一八歳未満の児童が三人以上いる場合の義務教育終了前の第三子以降の児童に限られ、しかも所得制限が設けられてしまいました。本来、賃金体系の合理化や中高年労働力の流動化といった経済・労働政策の観点から構想されたものであるにもかかわらず、所得制限によって社会保険としての性格を奪われてしまい、誰にとっても満足のできない代物になってしまったのです。

メンバーシップ型感覚から攻撃される児童手当

児童手当は「小さく産んで大きく育てる」ということで、一九七二年の施行から数年間は支給対象の第三子以降の支給期間を五歳未満から中学校修了までに徐々に拡大していきましたが、一九七〇年代は日本型雇用システムに対する評価が急激に高まったこともあり、この制度自体に対する否定的な考え方が社会に広まりました。それを最もよく示しているのが、一九七九年一二月の財政制度審議会第二特別部会の「歳出の合理化に関する報告」です。そこには当時の日本社会の常識的感覚が浮き彫りになっています。かつては、年功序列的な生活給、家族給こそが変わるべき悪しき日本的特徴であったはずであり、その変化を促進するためにこそ児童手当が唱道されていたはずですが、その舞台設定ががらりと変わってしまい、日本的な年功序列賃金こそが維持すべき望ましいものであり、にもかかわらずそれとバッティングするような児童手当などそもそも存在する値打ちもない、という意識が一般的になっていたのです。

こうした批判的空気の中で、小さく産まれた児童手当をそれでもなんとか大きく育てようという意図は、対象児童の範囲を拡大しつつ、その支給期間をどんどん短縮していくという複雑怪奇な経路を歩むことになります。一九八五年六月の改正で第二子から支給となった代わりに、義務教育修了までが義務教育就学前に短縮され、一九九一年五月の改正で第一子から支給となった代わりに、支給期間が三歳までとさらに切り込まれてしまいました。

このように縮小的拡大の道をたどってきた児童手当が、一九九九年に公明党が自民党との連立政権に加わったことにより、支給対象児童を第一子からにしたままで、支給期間が次第に延長されていくことになります。まず二〇〇〇年五月の改正により支給期間が三歳未満から小学校就学前までに再び延長され、二〇〇四年の改正により小学校三学年まで延長され、二〇〇六年の改正により小学校修了までになりました。この間、所得制限も大幅に緩和されています。また二〇〇七年改正で三歳未満については支給額を倍増して一万円に引き上げています。

二〇〇九年に民主党政権が誕生すると、マニフェストにおいて看板政策として掲げられた「子ども手当」が実現に向かっていきます。それは所得制限を撤廃し、支給期間も義務教育修了までという児童手当の本来の姿に近いものでした。ところが、民主党政権の野放図な財源政策に対する批判の象徴的存在としてこの子ども手当が取り上げられてしまい、子ども手当といえばバラマキという印象が社会に抱かれてしまいました。結局二〇一二年度以降は子ども手当は廃止され、所得制限付きの児童手当に戻ってしまいました。

3　矛盾に満ちた家族手当

賃金二分説と家族手当

この間、日本の賃金制度において家族手当は確立したものとなっていきましたが、その中で家族手当をめぐる労働法の問題が二つの側面で発生しました。一つはストライキによる賃金カットの対象に家族手当が含まれるのかという問題であり、もう一つは家族手当の支給に係る男女労働者間の差別的取扱いです。

前者は、いわゆる賃金二分説をめぐる問題ですが、その背景には日本型雇用システムにおける労働契約の性格に対する認識があります。つまり、ある企業の従業員たる地位を設定する契約とそれに基づき日々労務を提供する義務を負う契約の二重構造であるという認識です。メンバーシップ契約とジョブ契約とでもいえるでしょう。このような労働契約の二重構造に対応して、賃金も二つの部分からなっていると主張するのが賃金二分説です。すなわち、時給、日給、月給といった労務を提供した時間に対応する部分(交換的部分)と、従業員という地位に対して支払われる部分(保障的部分)に分かれ、家族手当をはじめとする時間や成果に対応しない諸手当は後者に属するというのです。

この議論の実益は、ストライキの際の賃金カットの範囲を交換的部分に限定するという点にあります。仕事はしなくても俸禄分はもらおうというわけです。ところが一九八一年九月一八日の三菱重工業長崎造船所事件最高裁判決は賃金二分説を明確に否定し、ストライキ参加者に対しては家族手当もカットできると判示しました。日本型雇用システムにおける(正社員の)労働契約が地位設定と労務提供の二重性を有しているのは確かですが、家族手当という名のついている部分だけではなく基本給自体が従業員という地位に対する生活保障給としての性格を有しているのですから、賃金二分説はいかにも無理のある議論であったことは確かです。ただ、この(何か理屈を持ってきて労働者側を勝たせようという意味での)プロ・レーバー的労働法理論が、次の段階では女性に対する差別的取扱いを正当化するための(屁)理屈として使われることになります。

家族手当の男女差別

そもそも家族手当にせよ、生活給にせよ、その出発点は妻子を扶養する男性労働者の生活保障にありました。その意味では家族手当という存在自体が男女差別を含意しているということもできます。ただ、家族を扶養する男女労働者に家族手当を支給するという制度それ自体は、必ずしも男女差別とはいえません。「必ずしも」というのは、実際の家族手当には明示的であれ運用上であれ、男女で異なる取扱いがされることが多いからです。それが男女差別として問題となったケースとして、岩手銀行事件と日産自動車事件があります。

まず岩手銀行事件ですが、一九八五年三月二八日の盛岡地裁判決は給与規定上に明確に夫である行員と妻である行員とを非対称的に取り扱っていたことから、違法と認定しています。この裁判で被告銀行側は、「そもそも、家族手当は労働の対価としての本来の賃金と違つて、扶養親族を有する従業員に対し、その生計費補助を目的として特別に支給される手当である。したがつて、被告がこれを支給するにあたつて、一定の支給基準を設け、これにより主たる生計維持者と認めた従業員に対し支給することとしても、それが合理的なものである限り、何ら問題とされるいわれはない」と、前述の賃金二分説を思わせるようなロジックを展開し、その上で「夫たる従業員を世帯の責任者とみなして家族手当を支給することが一般に行われているのであり、このような取扱いは、わが国の社会通念として是認され、社会的にも許容されている」と主張していました。

これに対し日産自動車事件では、合併前の旧プリンス自動車では家族手当は男女にかかわらず税法上の世帯主に支給していたのに、合併後支給要件が変わり、女性の場合夫が死亡又は不具廃疾（＝重度障害）の場合にのみ支給するとされたことが争われたものです。裁判記録上は一九八九年一月二六日の東京地裁判決が原告の請求を退けたままで終わっていますが、高裁で一三〇万円の和解金を支払うことで和解が成立しています。ただ、家族手当における世帯主要件については夫を優先するような運用が容認された判決だけが残る形になってしまいました。

間接差別としての家族手当

二一世紀になると、家族手当の世帯主要件は男女均等政策上の課題として論じられました。二〇〇四年六月の男女雇用機会均等政策研究会報告書は間接差別の禁止を重要課題として挙げ、その一例として家族手当に係る世帯主要件等を提起したのです。間接差別とは、外見上は性中立的な規定、基準、慣行等が、他の性の構成員と比較して、一方の性の構成員に相当程度の不利益を与え、しかもその基準等が職務と関連性がない等合理性・正当性が認められないものです。その中で、福利厚生の適用や家族手当等の支給に当たって住民票上の世帯主(又は主たる生計維持者、被扶養者を有すること)を要件とすることを挙げています。他は全国転勤要件や体力要件などですが、家族手当等における世帯主要件こそが間接差別問題の一丁目一番地であったことは間違いありません。

ところが三者構成の労政審では、労働側がパートタイマーに対する差別待遇を女性に対する間接差別とすべきだと強く主張し、これが最大の対立点になりましたが、肝心要の世帯主要件の方は労使いずれの側も強く主張することなく、いつのまにか間接差別の例示から消え去ってしまいました。おそらく、現場の労働組合の感覚からかけ離れた要求をナショナルセンターが掲げることは難しかったからでしょう。世帯主要件付き家族手当は、労使双方の明示黙示の同意の下に男女均等法制下においても堅持されたのです。

根を張り続ける配偶者手当

家族手当の中でも、子どもに対する部分は公的社会保障としての児童手当で代替すべきという議論があったように、労働者の生活保障という観点からは必要な部分であると言えますが、配偶者(=妻)に対する部分については、児童手当制定過程における議論においても、本来公的に保障すべき部分ではないと否定されていた部分です。とはいえ、戦時中から戦後にかけて、生活給思想が確立する中では、扶養家族は子どもだけではなく妻までも家族手当の対象とすることが普通で、ほとんど疑いを持たれることなく二一世紀の今日まで支給され続けてきています。

この配偶者手当を見直すべきと主張したのは、官邸に設置された経済の好循環実現に向けた政労使会議が二〇一四年一二月に取りまとめた「経済の好循環の継続に向けた政労使の取組について」でした。これを受けて、厚生労働省の女性の活躍促進に向けた配偶者手当の在り方に関する検討会が二〇一六年四月に報告書を取りまとめましたが、配偶者手当を「家事・育児に専念する妻と仕事に専念する夫といった夫婦間の性別役割分業が一般的であった高度経済成長期に日本的雇用慣行と相まって定着してきた制度」であり、「女性の就業が進むなど社会の実情が大きく変化している中、税制、社会保障制度とともに、「就業調整」の要因となっている」と指摘し、「働き方に中立的な制度となるよう見直しを進めることが望まれる」と述べるにとどまっています。こういう微温的な表現となっているのは、配偶者手当も賃金であり、労働条件であって、労働協約によるにせよ就業規則によるにせよ、その不利益変更はそうたやすいものではないからです。

生活給の精髄としての家族手当の、そのまた思想的本質が凝縮した配偶者手当は、かくしてなお日本の賃金制度の中にしっかりと根を張り続けているようです。

第4章　労働時間

——残業代と心身の健康のはざま

一　残業代とエグゼンプションの迷宮

1　労働時間とは残業代と見つけたり

残業代ピンハネ批判ばかりの労働時間論議

労働時間問題は前著『新しい労働社会』でも一番力を入れて書いたところですし、その二年前に『世界』二〇〇七年三月号に「ホワイトカラーエグゼンプションの虚構と真実」を書いた頃から、当時の世間の風潮に異議を唱え続けてきた分野です。世間の風潮とは、労働時間問題を残業代の問題に集約させ、残業代ゼロが諸悪の根源であり、残業代さえ払われればこれにて一件落着という考え方です。なにしろ、二〇〇八年労働基準法改正に向けて議論が進められていたときは、長時間労働対策として提起されていたのは残業代の割増率をどれだけ上げるかというゼニカネの話だけであり、ホワイトカラー・エグゼンプションに対する批判ももっぱら残業代ピンハネだという点に集中していました。二〇〇四年四月に刊行した教科書『労働法政策』(ミネルヴァ書房)では、「課題——法律上の時間外労働の上限の是非」という項を設け、残業代よりも残業の上限こそが大事だと主張していたのですが、大勢に影響はありませんでした。物理的労働時間の問題は多くの人の視野の外にあり、労働時間とは残業代と見つけたりという状況だったのです。
そんな状況が一〇年ほどで大きく転換し、二〇一八年六月の働き方改革関連法により、労働基準法上に時間外労働の上限規制が(成人男子については史上初めて)設けられるに至ったのですから、ここは素直に喜んでいいところかもしれません。

日本的な労働時間法理

それまでは日本の法定労働時間は週四八時間が週四〇時間に短縮したと言いながら、それは物理的労働時間そのものの上限ではありませんでした。法定労働時間とは何かといえば、そこから残業代が付く基準に過ぎなかったのです。ですから、労働時間に関する判決と称するものが判例集には山のようにありますが、そのほとんどは労働時間そのものではなく、残業代に関する判例、つまり賃金の判例に過ぎません。労働時間がどうあるべきかという論点は、そこにはほとんどなかったのです。

中には労働時間そのものが問題になった判例もいくつかありますが、それも大体話がねじれています。例えば、労働組合が争議戦術として、時間外・休日労働協定(三六協定)がない中での休日出勤一斉拒否闘争をやり、これに対して会社が懲戒解雇したという西鉄到津自動車営業所事件福岡地裁判決(一九六一年五月一九日)では、裁判所はその懲戒解雇を適法と認めました。二重、三重、四重に話がねじれています。まず休日出勤するのは当たり前であり、当たり前だから一斉拒否闘争が争議手段になり、三六協定がない中で休日出勤すること自体が労基法違反のはずですが、労基法違反にならないようにしたことが懲戒解雇に値するというわけで、ねじれにねじれて解きほぐしようがありません。とにかくこれが日本的な労働時間法理なのです。

これの裏返しが、不当労働行為としての残業差別です。時間外労働が当たり前ということは、時間外手当が当たり前ということで、それが労働者にとっても恒常的な収入として組み込まれてしまっていることを意味します。そこで特定の労働組合の組合員にだけ時間外労働を命じないことは、その組合に対する揺さぶりとして効果的となります。最高裁判所は一九八五年四月二三日の日産自動車事件判決で、残業差別は不当労働行為に当たると判示しましたが、法の趣旨との乖離にはあまり意を払っていません。このように労働者の残業する権利を侵害するのは許されないけれども、前述のように残業命令を拒否して始末書の提出も拒んだ不届きな労働者を懲戒解雇するのは何ら問題はないのです(一九九一年一一月二八日の日立製作所武蔵工場事件最高裁判決)。

恒常的残業は雇用維持の安全弁

実をいえば、一九八〇年代以来、労働時間は労働基準法改正の最重要項目として常に議論の焦点となってきました。一九八七年改正から一九九三年改正までは、法定労働時間を週四八時間から週四〇時間に短縮することが中心でしたし、一九九八年改正から二〇〇三年改正、二〇〇八年改正までは、裁量労働制やホワイトカラー・エグゼンプションといった規制緩和が論点でした。しかし、物理的な時間外・休日労働規制が焦点となったのは、一番最近の働き方改革に伴う二〇一八年改正だけだったのです。それまでは労働時間規制の強化といえば、常に残業代の割増率をいかに引き上げるかという話しか出てきませんでした。

なぜそうだったのかを、明白に述べている政策文書があります。一九八七年改正のもとになった一九八五年二月の労働基準法研究会第二部会報告は、「時間外・休日労働の弾力的運用がわが国の労使慣行の下で雇用維持の機能を果たしていること」を挙げて、時間外・休日労働の事由・限度を労使協定に委ねる現行方式を維持すべきと論じていました。当時は内部労働市場志向の労働市場政策の最盛期であり、雇用維持という労働政策にとって最も重要な機能を果たしている時間外・休日労働に下手に手をつけるべきではないという発想が関係者間で共有されていたのでしょう。実際、整理解雇法理においては、解雇に踏み切る前にとるべき措置として、配置転換や出向、新規採用の停止、非正規労働者の雇止め等々に先だって、まずは残業の抑制が求められているのです。平時に残業をなくしてしまったりしたら、いざというときに切り込むべき糊代《のりしろ》が失われてしまい、心ならずも解雇を迫られるかも知れません。雇用が一番大事と思うのなら、恒常的残業こそが安全弁であって、うかつに削るべきではないというわけです。

奇妙なことに、一九九〇年代に入って労働市場政策は雇用維持型から労働移動支援型にシフトしていきましたが、雇用維持ゆえに退けられていたはずの時間外・休日労働規制の強化が政策課題として登場することはなく、むしろ裁量労働制やホワイトカラー・エグゼンプションといった規制緩和が焦点となって二〇年以上が過ぎていきました。これらをめぐって労使間で激しい対立が見られましたが、それは所詮残業代をめぐる対立に過ぎませんでした。なぜなら、裁量制でもエグゼンプションでもない一般労働者であっても、法律上は時間外・休日労働に上限規制がないという点では何の違いもなかったからです。その意味では、労働時間問題を残業代に集約させ、物理的な労働時間規制の問題を持ち出さないことは、規制強化を嫌う経営側のみならず、時間外の上限規制導入が雇用維持への契機を弱めることになるのではないかと懸念する労働側にとっても、暗黙の了解だったのかも知れません。

雇用維持∨労働時間規制という本音

こうした労働組合サイドの本音は、龍井葉二の「労働時間短縮はなぜ進まないのか?」(『労働法律旬報』二〇一五年一月合併号)に、このように描写されています。

> もう一〇年近くも前になるが、連合本部で労働条件局を担当していたときの話である。連合

としての時短推進計画を見直すことになり、時間外労働の上限規制が論点になった。われわれ事務局としては、上限規制を強化する方針で臨んだのだが、いくつかの産別から猛反対を食らった。この推進計画はガイドライン的なものであり、もともと縛りの強いものではなかったのに、である。

われわれは産別本部にまで足を運んで説得に当たったが、頑として聞いてくれない。日本における時間外労働の労使協定時間が異様に長いことは、当時から指摘されていたことであったが、連合がその邪魔をしてくれるな、というのが本音だったと思う。

連合ができなかったその邪魔をしたのが、自民党安倍政権の働き方改革だったというのは、いささかシュールに過ぎる感があります。意外に感じるかもしれませんが、時間外労働の上限規制を導入すべきと政府部内で最初に提起したのは、規制改革会議が二〇一三年一二月に取りまとめた「労働時間規制の見直しに関する意見」でした。同意見は労働時間の三位一体改革というスローガンの下、①労働時間の量的上限規制、②休日・休暇取得に向けた強制的取り組み、③一律の労働時間管理がなじまない労働者に適合した労働時間制度の創設、をセットにした改革を提起したのです。

ちなみに、その直前の同年一〇月、私は規制改革会議雇用ワーキンググループに呼ばれて、残業代とは切り離した絶対的な労働時間規制の必要性を論じていました。そういう機会も、このときが初めてだったのです。

過労死認定基準の労働時間規制

紆余曲折の結果、働き方改革関連法により二〇一八年六月に労働基準法が改正され、原則として月四五時間、年三六〇時間、例外的な場合でも年七二〇時間という時間外労働の上限が設けられるとともに、休日労働を含んで月平均八〇時間以内、単月一〇〇時間未満という規制が導入されました。その水準は後述の過労死認定基準に倣ったものであり、いのちという意味でのワーク・ライフ・バランスを守るものではありますが、生活という意味でのワーク・ライフ・バランスには到底及ばないものです。とはいえ、その程度のものですら、労働側の要求ではなく、規制改革会議の提言で盛り込まれたものだったのです。

ちなみに、同法案が国会に提出された際には、野党側はもっぱら裁量労働制や高度プロフェッショナル制度ばかりをあげつらっていました。これら制度には確かに欠陥がありますが、歴史的な時間外労働の上限規制の実現などよりも、残業代ゼロ法案をつぶすことにばかり血道を上げていたことは、法案採決時の附帯決議に「いわゆる生活残業を行う従業員が生活困窮に陥ること」への懸念が示されていることも含めて、歴史の上に記録しておく値打ちがあります。

2　適用除外制度をめぐるねじれた経緯

ジョブ型社会の管理職

さて、過去二〇年以上にわたって、本来多くの労働者にとって切実であるはずの長時間労働の制限などよりもはるかに議論の焦点となってきたのは、裁量労働制、ホワイトカラー・エグゼンプション、高度プロフェッショナル制度等の、労働時間規制の(部分的ないし全面的な)適用除外制度です。前著『新しい労働社会』でもかなり突っ込んで論じたところではありますが、今回はさらにその根源に遡って問題の構造を解きほぐしてみたいと思います。その鍵になるのは、これらとは逆にほとんど議論の俎上に上ってくることのなかった管理職です。労働基準法は一九四七年の制定以来、その第四一条第二号が管理監督者について労働時間規制を適用除外しています。

前述したように、終戦直後に作られた古典的労働法は欧米諸国の労働法を引き写したものであり、ジョブ型雇用社会を前提に作られています。従って、労働基準法の施行当時出された通達(発基第一七号)は、ジョブ型社会の常識に従い、適用除外される管理監督者とは「一般的には部長、工場長等労働条件の決定その他労務管理について経営者と一体的な立場にある者の意であり、名称にとらわれず出社退社等について厳格な制限を受けない者について、実態に即して判断すべきもの」と述べていました。実をいうと、これを厳格に適用してしまうと、現実に職場で管理職として扱われている人々の相当部分、下手をしたら大部分が管理監督者ではなくなってしまいます。ジョブ型社会では、現場の管理者や監督者が採用から解雇に至る広範な人事権を握っていますが、日本では人事権は人事部に集中されているからです。とはいえ現実には、課長に昇進したら残業代はつかなくなるし、労働組合からも卒業するというのが、ごくごく普通の風習でした。いわば、ジョブ型の法規定と日本的な管理職の実態との間で妥協が図られていて、労使いずれの側も文句をつけることはなかったわけです。

メンバーシップ型が求めるスタッフ管理職

ところが、職能資格制度の導入によって管理の機能を果たさない管理職クラスが大量に発生してくると、さすがにそのままでは済まなくなります。これが最初に問題になったのは、銀行など金融機関のスタッフ管理職と呼ばれる人々でした。一九七七年に出された通達（基発第一〇四号）は彼らについても適用除外を認めました。

スタッフ職は管理も監督もしていませんので、管理監督者に当てはまらないはずです。それなのに、なぜ適用除外してよいのかというと、それが企業の人事管理の実態に即しているからです。管理職と同じ高い職能資格に対応するスタッフ職については、同じ賃金処遇を行っているにもかかわらず、一方には時間外手当を支払い、他方には払わないというのではかえって労働者間の公平感を損ないます。スタッフ職を管理監督者に含めるというのは、時間外賃金の支給基準という観点からは、非常に妥当な結論だったのです。

職能資格制度が実質的に年功的な運用をされていた時期には、通達のように処理をしても問題はありませんでした。ところが、一九九〇年代以降、企業の人事管理は大きな変化を遂げました。組織のスリム化を目指し、管理職レベルに昇進する従業員を絞り込んでいったのです。これまでであれば管理職クラスのスタッフ職として処遇するという形で対応していた人々が、必ずしもそうではなく、管理職の一歩手前にとどまってしまうという事態が進んできたのです。この人々に対しては、もはや先ほどの通達に基づいて管理監督者に含めて取り扱うというわけにはいきません。時間外手当を払わなければなりません。さもないと、サービス残業ということになってしまいます。ホワイトカラー・エグゼンプションの議論が一九九〇年代から急速に盛り上がっていった背景にあるのは、実のところこうした企業の人事管理の変化だったのです。

企画業務型裁量労働制とホワイトカラー・エグゼンプション

こうしてまず一九九八年に作られたのは、研究開発職など専門職向けに作られていた裁量労働制を一般のホワイトカラーに拡大する企画業務型裁量労働制というものでした。企画業務といいますが、そもそも職務無限定がデフォルトの日本のメンバーシップ型正社員に、彼は非企画業務などという職務区分は存在しません。みんななにがしか企画をし、なにがしかルーチン業務をしているはずです。その意味では、企画業務型裁量労働制という制度自体が、虚構の上に成り立っているのです。とはいえ、裁量労働制は厳密には適用除外ではなく、実際に働いた時間に関わりなくあらかじめ定めた時間、労働したものとみなすという制度です。

それでは足りないとの経営側の求めに応じて、二〇〇〇年代半ばにはホワイトカラー・エグゼンプションの議論が前面に出てきます。しかし、その理屈付けは奇妙に歪んだものでした。厚生労働省は「自律的な働き方」をしているからとか「自由度の高い働き方」だからという建前論でホワイトカラー・エグゼンプションを正当化しようとしましたが、二〇〇七年初頭に労働基準法改正案を国会に提出しようとする直前、マスコミや政治家による「残業代ゼロ法案」との非難攻撃によってつぶれてしまいました。

高度プロフェッショナル制度をめぐる奇々怪々

失敗したホワイトカラー・エグゼンプションのリベンジを図ったのが、二〇一五年に国会に提出されたものの店晒しにされ、二〇一八年に働き方改革関連法に一括してようやく成立した高度プロフェッショナル制度です。これは制度としてはまさに労働時間規制の適用除外ではありますが、働き過ぎを防止するためということで、二〇一五年法案では①勤務間インターバルの確保と深夜業の回数制限、②健康管理時間(=在社時間+事業場外労働時間)の上限、③四週四回以上かつ年間一〇四日以上の休日、のうちどれか一つが選択的に義務付けられていました。労働時間規制とは残業代だと心得ている人にとっては大して意味のない制約かも知れませんが、労働時間規制とは過重労働の防止だと考える人にとってはそれなりに重要な要件です。

店晒しになっていた高度プロフェッショナル制度が、働き方改革関連法案に統合されようとしていた二〇一七年七月、連合の神津里季生会長は安倍総理に対して、三者択一とされていた導入要件のうち四週四回以上かつ年間一〇四日以上の休日を義務化するとともに、前記①②に加え、二週間連続の休暇の確保又は疲労の蓄積や心身の状況等をチェックする臨時の健康診断の実施の四者から選択するように求めました。これが報じられると、連合傘下の産別組織の一部や連合以外の労働団体、さらには労働弁護士などから激しい批判が巻き起こり、結局政労使合意は見送られました。この政治プロセスは様々な思惑が絡み合っており、労働政策決定過程論の観点からも論ずべき点は少なくありません。

労働時間問題としていうならば、本来三者択一の要件のうち一つ(休日確保)を義務化するのであれば、残りの二つ(休息時間と深夜業、健康管理時間)を二者択一とするのが素直な提案であったはずです。連合提案では連続休暇や臨時健康診断までも選択肢としたため、義務化された休日確保と健康診断を選択すればそれ以外に実質的に労働時間を規制する要件はなくなってしまいました。結局この連合提案通りに成立したことを考えると、一歩踏み込みが足りなかった感はあります。とはいえ、連合要請に猛反発した人々は高度プロフェッショナル制度にいかなる要件を課すかという議論などはなからする気はなく、残業代ゼロ法案をつぶすことしか念頭になかったわけですから、どのみち不毛な議論だったと言えます。

3　月給制と時給制の一体化

時間外手当とは何か？

ここで、労働時間問題そのものとすら考えられてきた残業代―時間外手当とは一体何なのかを突っ込んで考えてみましょう。

そもそも日本の労働基準法は、賃金制度の在り方についてはほとんど規制を設けず、自由に委ねています。通貨払い、直接払い、全額払い、毎月最低一回払い、一定期日払いという五つの要件と、最低賃金法をクリアしていれば、どういう賃金制度でもとることができるのです。ところが時間外労働についてだけは厳格に二五％の割増賃金支払を要求し（現在は残業が月六〇時間を超えると五〇％、休日出勤は三五％）、しかもご丁寧に、省令（労働基準法施行規則第一九条）で時間給、日給、週給、月給、さらには出来高払い制の場合の割増額の計算方法まで規定しています。これにより、たとえ月給制の場合でも、その額を一月の所定労働時間で割った時間当たり賃金額を算出し、それをもとに割増額を算定するという仕組みになっています。これは、いかなる月給制といえども、月単位にまとめて支払われる変動型時間給制であるとみなしているのと同じです。この規定の趣旨について、法施行直後の一九四八年九月に出された『労働基準法逐条解説全書』(産業厚生時報社)の質疑応答において、監督課担当官は「本来の月給制と云ふものは基準法が制定された為に失くなった」とか「純粋の意での月給制は実施できなくなった」と述べています。

戦時体制下の工員月給制

終戦直後の時代に「純粋の意での月給制」と呼ばれていた、戦前の月給制はどのようなものだったのでしょうか。普通の労働者に適用される日給制では、早出・残業には割増が付き、逆に遅刻・早退には減額されるのに対して、月給制とは遅刻・欠勤しても減額されない代わりに、残業・休日出勤しても割増が付かない仕組みでした。一言でいえば、ノーワーク・ノーペイかつノーペイ・ノーワークの日給制と、ノーワークでもペイがありノーペイでもワークがある月給制とは画然と分かれていたのです。これが入り混じってくるきっかけは戦争中にありました。事業場は勤労報国の場であるとして工員月給制が提唱されたのです。これは職工と呼ばれて職員とは差別的な扱いを受けてきた工員にとって、差別撤廃に向けた大きな意味を有するものでした。

一九四五年四月に厚生省労働局が策定した「勤労者(工員)給与制度ノ指導ニ関スル件」は、工員月給制を明確に定式化していますが、「基本給ハ月ヲ単位トシテ支給スルコト、但シ正当ナ理由ナキ欠勤ニ対シテハ欠勤日数ニ対シ日割計算ヲ以テ減額支給スルヲ得ルコト」と、ノーワーク・ノーペイの要素を持ち込んだ純粋でない月給制を工員に適用しようとするものでした。これはさらに、「就業十時間ヲ超ユル早出残業」には早出残業手当、「所定休日ニ於ケル出勤」には休日出勤手当を「支給スルモノトスルコト」と、ノーペイ・ノーワークの原則は月給制にもかかわらず全面的に適用するというものでした。

一方、大蔵省理財局が所管する会社経理統制令でも、一九四三年の会社経理統制令施行規則第二〇条の二に「居残手当又ハ早出手当ニシテ一日九時間ヲ超エ勤務シタル者ニ対シ九時間ヲ超エ勤務シタル時間一時間ニ付キ五十銭ノ割合ニ依リ計算シタル金額」「休日出勤手当ニシテ休日出勤一回ニ付キ三円ノ割合ニ依リ計算シタル金額」と規定されました。つまり、ホワイトカラー職員にも残業手当や休日出勤手当を払えという法政策が打ち出されたのです。

ホワイトカラーとブルーカラーの一本化

このように所管官庁は別ながらも接近傾向を示していたホワイトカラーとブルーカラーの労働法

政策がブルーカラー側に一本化されたのは終戦直後です。一九四六年一月八日の閣議で、「会社経理統制令中社員給与ニ関スル主務大臣ヲ厚生大臣ニ移管スルノ件」が了解され、これにより戦前来の別建て法政策は解消され、ホワイトカラー職員もフルに労働法政策の対象となりました。

その後、この問題に対する問題意識は消え去ったように見えます。ホワイトカラーもブルーカラーも等しく従業員として組織された企業別組合が、両者に共通の年功的生活給を要求して勝ち取っていった時代に、ホワイトカラー職員の給与とブルーカラー労働者の賃金とは性質が違うというような議論が入り込む余地はなかったのでしょう。

ホワイトカラーの労働時間制度、賃金制度が法政策課題として議論されるようになるのは、一九九〇年代になってからです。企画業務型裁量労働制、ホワイトカラー・エグゼンプション、そして高度プロフェッショナル制度と、この三〇年近くの法政策の動きを振り返ってみると、そこで本来議論されるべくして議論されてこなかったものが何であったのかが、くっきり浮かび上がってくるように思われます。

4　管理職は職種か処遇か

管理職も職種である

あらためて、労働時間規制の適用除外の中核に位置している管理職とは一体いかなる存在であるのかを、根源に遡って考えていきましょう。ここは、メンバーシップ型にどっぷり浸かった圧倒的多数の日本人には目からうろこの世界のはずです。

国勢調査や労働力調査などで、国民の職業を分類するときに用いられるのが日本標準職業分類です。現在、一二の大分類、七四の中分類、三二九の小分類に分けられていますが、その大分類の筆頭に「管理的職業従事者」があります。これは「事業経営方針の決定・経営方針に基づく執行計画の樹立・作業の監督・統制など、経営体の全般又は課(課相当を含む)以上の内部組織の経営・管理に従事するもの」と定義されており、続く専門的・技術的職業従事者や事務従事者、販売従事者等と、全く同じ水準で存在する職種概念です。

管理職も職種である、というのは、しかし圧倒的に多くの日本人にとっては驚天動地の事実でしょう。なぜなら、日本社会における管理職とは、企業という一個の組織内部において、年功的昇進によって得られるべき地位ないし身分を指し示す言葉になっているからです。若いうちはヒラ社員として働き、年をとるにつれてだんだんと昇進して、中高年になると管理職になるというのが普通の職業人生というものだろうと考えられてきました。しかし、日本以外のジョブ型労働社会の諸国では、そんなことは全然当たり前でもなければ普通でもありません。むしろ、管理職は若いうちから管理職であり、非管理職は中高年になってもずっと非管理職というのが普通です。

平等社会のアイロニー

ビジネススクールやグランゼコールを卒業したエリートの若者は、その資格によって就職した瞬間からエグゼンプトやカードルといわれる高給の管理職であり、労働時間規制が適用除外されます。一方、普通の大学や高校等を卒業した若者はインターンシップ等で苦労してようやく就職しても、ずっとヒラ社員のままであり、管理職の募集に応募して採用されない限り管理職に自動的に昇進するということはありません。つまり、管理職の存在形態がまるで違うのです。日本における管理職をめぐる様々な労働問題の根源は、つまるところここに由来します。

なぜそうなったのかといえば、戦後日本社会が戦前日本社会と異なり、また戦後欧米社会とも異なり、エリートとノンエリートを入口で区別せず、頑張った者を引き上げるという意味での平等社会を作り上げてき(てしまっ)たからです。男性大卒は将来の幹部候補として採用され、十数年は給料の差もわずかしかつきませんし、管理職になるまで、全ての人に残業代が支払われます。誰もが部長や役員まで出世できるわけでもないのに、多くの人が将来への希望を抱いて、八面六臂に働き、働かされています。欧米ではごく少数のエリートと大多数の普通の人がいるのに対して、日本は普通のエリートもどきしかいません。

欧米ではノンエリートとして猛烈な働き方なんかする気にならない（なれない）多くの労働者が、日本では疑似エリートとして猛烈に働いている、というこの構造は、なかなか切り口の難しい代物です。ある種の左翼論者は、それは資本家に騙されて虚構の出世を餌に搾取されているだけだと言いたがりますが、もちろんそういうブラック企業も少なくないでしょうが、日本型雇用を代表する多くの大企業では必ずしもそうではなく、確かに猛烈に働くヒラ社員たちの中から課長や部長が、そして極めて稀にですが社長が生み出されてきたことも確かです。とはいえ、ではこの構造は人間の平等と企業経営の効率を両立させたすばらしい仕組みだと褒め称えて済ませられるかというと、そうではないからこそ長時間労働が問題になっているわけです。

二　本当のワーク・ライフ・バランス

1　夫と妻のワークライフ分業

ガンバリズムの平等主義

エリートとノンエリートを入口で区別せず、頑張った者を引き上げるという意味での平等社会。このシステムにおける平等とは、いわばガンバリズムの平等主義です。凄く頭の良いスマート社員がてきぱきと仕事を片付けて、夕方には完璧な成果を出してさっさと帰宅している一方で、そんなに頭の回転は速くないけれども真面目に物事に取り組むノンスマート社員が、夕方にはまだできていないけれども、「明日の朝まで待ってください。ちゃんと立派な成果を出してみせます」と課長に頼んで、徹夜して頑張ってなんとかそれなりの成果を出してきた、というケースを考えましょう。長時間労働は良くないから禁止！ということは、ノンスマート社員に徹夜して頑張ってみせる機会を奪うことを意味します。さっさと仕事を片付けられるスマート社員だけがすいすいと出世する会社になるということを意味します。そんなのは平等じゃない！と、日本の多くの労働者は考えてきたのです。

とはいえその「平等」は、そうやって頑張ることのできる者だけの平等に過ぎません。かつてのモーレツ社員たちの隣にいたのは、結婚退職が前提で補助的業務に従事するＯＬたちだったかも知れませんが、その後輩たちの隣にいるのは、会社の基幹的な業務に責任を持って取り組んでいる総合職女性たちなのです。彼女らはもちろん結婚しても出産しても働き続けます。しかし、子どもを抱えた既婚女性には、かつての男性社員たちとは違い、明日の朝まで徹夜して頑張ってみせることは不可能です。彼らの平等は、彼女らにとっては何ら平等ではないのです。むしろ、銃後を専業主婦やせいぜいパート主婦に任せて自分は前線での戦いに専念できるという特権でしかありません。その特権を行使できない総合職女性たちがいわゆるマミートラックに追いやられていくという姿は、平等という概念の複雑怪奇さを物語っています。

夫と妻のワークライフ分業

擬似エリート男性たちのガンバリズムの平等主義が、戦後日本の経済発展の原動力の一つとなったことは間違いありません。しかし、その成功の原因が、今や女性たち、さらには男性でも様々な制約のために長時間労働できない人々の活躍を困難にし、結果的に日本経済の発展の阻害要因になりつつあるとすれば、私たちはそのガンバる平等という戦後日本の理念そのものに疑いの目を向けていかざるを得ないでしょう。長時間労働問題はなかなか一筋縄でいく代物ではないからこそ、その根源に遡った議論が必要なのです。

とはいえ、ガンバリズムの平等主義が成功を収めていた時代に、ワーク・ライフ・バランスがなかったわけではありません。むしろ、別の形で存在していたといえます。すなわち、前線で戦う企業戦士たる成人男子正社員と、その家庭を銃後で守る専業主婦ないしパート主婦という組み合わせで、安定的な均衡解を達成していたのです。夫はワークに専念し、妻はライフに専念することによって、家庭としては見事にワークとライフのバランスが成り立っていたのです。夫と妻のワークライフ分業こそが究極のワーク・ライフ・バランスであったということです。そういう家庭という単位に生活給を支給する企業も、日本的ファミリーフレンドリー企業だったのかも知れません。もちろん、企業がフレンドリーな姿勢を示すファミリーとは、このモデルに適合する男女分業家庭に限られたわけですが。

2　迷走するワーク・ライフ・バランス

女性専用のワーク・ライフ・バランス

やがて日本にも男女均等法ができ、一九九一年には出生率の急激な落ち込みにショックを受けて育児休業法ができ、ワーク・ライフ・バランスといわれる法制度が充実していきます。それは、少なくとも男女均等法制を前提とする以上、子どもが一歳に達するまで男女均等に育児休業を取る権利が保障される制度として確立しました。育児休業給付も当初は二五％でしたが徐々に引き上げられ、今では初めの六か月は六七％、それ以後は五〇％と手厚くなっています。また、育児休業取得後にも短時間勤務や時間外労働の免除といった措置を講ずることが、当初は努力義務として設けられ、今では子どもが三歳になるまでは義務化されています。六法全書上の法律の規定を見る限り、日本のワーク・ライフ・バランス法制はどの先進国に比べても遜色はありません。そして、少なくとも女性に関する限り、妊娠出産で退職するのが当たり前だった時代から、産休と育児休業をつないで復職し、その後子どもを育てながら働き続けることがよく見られる光景になったことも確かです。

最大の問題は、法律上は男女均等に育児休業の権利があるといっても、これがほとんど女性専用の制度になってしまっていることです。最新の大本営発表(二〇二〇年度雇用均等基本調査)では、女性の取得率の八二%に対して男性の取得率は一三%にまで上昇してきたことになっていますが、その内実は五日未満が二八%、(二〇一八年度には)二週間未満まで入れると七割以上という短さです。女性は半分以上が一年前後ですから、両者を同じ育児休業という言葉で語っていいのかいささか疑問です。年休の一部を育児休業という名目で取っているだけではないでしょうか。日本の育児休業は依然としてほぼ女性専用の片面的な制度に過ぎないのが実態なのです。

女性総合職の矛盾

しかし、こうした片面的な育児休業の在り方とまともに衝突するのが女性総合職という「職種」であるというのもまた事実です。なぜなら、総合職とは前述のようなワークライフ分業を前提として無制限に働くことを自らも覚悟し、会社側も期待するメンバーシップ型男性正社員の在り方を、何の変更も加えることなくそのまま女性に適用した存在だからです。子育てを任せることのできる専業主婦やせいぜいパート主婦がいることが前提の働き方を、自ら子育てしなければならない総合職女性が同様にこなさなければならないという、解きほぐしがたい矛盾がそこに絡まってきます。そうして、男性並みのバリキャリを目指していた総合職の女性たちはマミートラックと呼ばれる女性専用のコースに入り込んでしまうのです。

育児休業法は一九九五年に介護休業も含めて育児・介護休業法になりましたが、累次の改正で、仕事と育児・介護負担を両立させるためのいくつもの規定が設けられてきています。それは、かつて労働基準法上で女子保護規定として設けられていたものが、育児・介護休業法において労働者の請求権として位置付けなおされたものですが、その際に法制度の原則と例外の考え方がきれいに逆転しています。

かつての女子保護規定においては、女子は原則として深夜業をさせることはできず、時間外労働には一日二時間、一週六時間、一年一五〇時間という上限が設定されていました。これは、それを超えて働かせることが禁止される物理的労働時間の上限です。ところが、女子のみにこのような制限があることが男女均等の障害であるという、それ自体はもっともな批判によって、最終的に一九九七年改正によりこうした女子保護規定は完全に撤廃されました。これ自体は諸外国でも起こったことです。

長時間労働がデフォルトルール

しかし、女子保護規定が撤廃された後に残る男女共通の保護規定というものが、残念ながら日本には存在しませんでした。もちろん、労働基準法には一日八時間、週四〇時間という法定労働時間の定めはありますが、前述の通り、それはいかなる意味でもそれ以上働かせてはならない物理的労働時間の上限などではなく、せいぜいそれを超えたら割増賃金を支払わなければならないという基準に過ぎません。職務にも勤務場所にも原則として限定のない男性正社員には、もちろん時間においても限定はないというのがデフォルトルールであったのです。

この時間無限定がデフォルトルールという男性正社員の土俵に、育児・介護責任を持つ(男女)労働者を投げ込んではいくらなんでも仕事と両立することはできません。そこで、育児・介護休業法においては、そうした育児・介護責任を抱えた(男女)労働者に、深夜業を免除してもらう請求権、そして時間外労働を一年一五〇時間、一月二四時間以内に制限してもらう請求権という形で規定が設けられたのです。そう、原則は無制限に深夜業でも時間外労働でもやらせることができるのであって、育児や介護をしなければならないからといってそれを免除したり制限したりするのはあくまでその例外なのです。ようやく二〇一八年改正により、いのちに危険が及ぶほどの長時間労働は法律上禁止されるに至りましたが、そこまでいかない程度の長時間労働は依然としてデフォルトルールです。

いのちのワーク・ライフ・バランス、生活のワーク・ライフ・バランス

六法全書の上ではどの先進国に比べても遜色のない法律の規定を持ちながら、日本のワーク・ライフ・バランスはなぜこんなにも貧弱なのか。それは、二〇一八年改正を経た現在でもなお、時間外労働の上限が原則年三六〇時間、例外年七二〇時間、単月で一〇〇時間未満という、過労死しないぎりぎりの水準に置かれているからです。確かに、いのちの安全が確保される限り、長時間働きたいという選択を禁止することはできないでしょう、しかし、普通の労働者に適用されるデフォルトルールは明確に変更すべきではないでしょうか。

前著『新しい労働社会』では、男女労働者とも家庭生活とのバランスがとれる程度の時間外労働を上限とすべきだと提起しました。法制的には、三六協定により事業場単位で就労が義務付けられる時間外労働に法律上の上限を設定し、それを超える時間外労働は個別に合意した場合に限り認めるというオプトアウト方式です。その水準としては、現在育児・介護休業法で免除請求権として設定されている月二四時間程度が考えられます。現在はデフォルトルールは無制限(厳密には労基法による上限あり)で、労働者が請求して初めて時間外労働が制限されるのですが、それをひっくり返すわけです。

とはいえ、前著でも述べたように、今なお男性正社員が個別オプトアウトを断るにはかなりの勇気が要りそうです。「なるほど、君はもう出世する気はないと、こういうことだね？」という上司の言葉を平然と聞き流せる猛者がどれくらいいるのか、疑わしいと言わなければなりません。

3　転勤という踏み絵

正社員に転勤拒否権はない

ここで、長時間労働と並ぶ日本型正社員の義務である転勤にも触れておきましょう。メンバーシップ型の特徴は、職務が限定されていないのみならず、労働時間や勤務場所も原則無限定ということです。時間の話は見てきましたので、空間の方も一瞥しておきましょう。

日本型正社員には転勤を拒否する権利はないということを最高裁判所が高らかに宣言したのが、解雇のところで紹介した一九八六年七月一四日の東亜ペイント事件判決です。同判決は、高齢の母と保育士の妻と二歳児を抱えた男性社員に神戸から名古屋への遠距離配転を命じ、拒否したことを理由に懲戒解雇した事案について、「労働者に対し通常甘受すべき程度を著しく超える不利益を負わせるものであるとき等、特段の事情の存する場合でない限りは、当該転勤命令は権利の濫用になるものではな」く、「家庭生活上の不利益は、転勤に伴い通常甘受すべき程度のもの」だと一蹴しました。

もちろんこれは、たまたま従事している仕事や働いている職場がなくなったからといって解雇されてしまうことが最も避けるべきことであり、その場合でも別の職場に移って雇用が維持され、妻子を養える程度の年功賃金を稼ぎ続けることが最も望ましいという、労使双方の暗黙の社会的規範を言語化したものに過ぎません。転勤とは正社員として会社に貢献する気があるのかどうかを試す踏み絵なのです。

高度経済成長期には、必要性がどれほどあるのか分からなくても、定期的な配転が制度として確立し、妻や子どもたちを引き連れて全国を転勤することがごく当たり前の現象となりました。この時代にも転勤が社会問題とされましたが、それは妻の仕事よりもむしろ、子どもの教育・受験ゆえに父親が単身赴任を強いられることが注目されたからです。

その頃、職場の女性は男性とは異なる身分で、結婚退職までの短期間、男性の補助的な仕事に従事する「女の子」というのが普通の在り方でした。既婚男性には前述のように転勤の義務を認めても、独身女性には転勤義務を認めない判決が普通でした(一九七九年七月一二日のブック・ローン事件神戸地裁判決)。

配慮しろというけれど

その後、世界的に男女均等の波が押し寄せ、後述のように一九八五年の男女均等法、一九九七年の同改正法により、女性の職場進出が進みました。その結果、総合職女性にも「家庭生活上の不利益は、転勤に伴い通常甘受すべき程度のもの」という男性正社員向けの規範が本質的には変わらずに適用されるという状況になります。厳密には転勤事案ではありませんが、夫と共働きで三歳児を保育所に送り迎えしていた女性社員に、それを困難とする目黒区から八王子への異動を命じ、拒否したことを理由に懲戒解雇した二〇〇〇年一月二八日のケンウッド事件最高裁判決は、「不利益は、必ずしも小さくはないが、なお通常甘受すべき程度を著しく超えるとまではいえない」と言っています。

もっとも、さすがにそんなことでは女性の活躍なんかできるはずがないという認識も、二一世紀になると少しずつ広がっていきます。二〇〇一年の改正育児・介護休業法では、転勤を伴う配転の際には転勤によって育児や介護が困難となる労働者に配慮せよという緩やかな規定が設けられ、二〇〇六年の改正男女均等法では、総合職の募集・採用で全国転勤を要件とすることや昇進で転勤経験を求めることが間接差別だとされました。

とはいえ、転勤するのが当たり前という日本型正社員の規範がこれっぽっちでも変わったわけではありません。むしろ、転勤を受け入れなければならないという法規定などもともとどこにもないのに、子育てなど特定の場合だけ配慮しなさいということで、そうではない普通の労働者は転勤しなければならないという暗黙の理解がかえって確立してしまったようにも見えます。

こうした中で女性がキャリアを確立していこうとすれば、命じられればいつでも全国転勤が可能なように、足手まといになる子どもなど作らないでおくことが一番いい戦略になってしまいます。少子化対策もここ二〇年以上にわたって政府が鉦や太鼓で大騒ぎしているわりには、一番肝心の働き方のところでは、子どもなど下手に作らないように誘導しているようなものです。

三　過労死防止のパラドックス

1　残業規制の源流は過労死裁判

過労死認定基準の労働時間規制

前述のように、二〇一八年六月の働き方改革関連法により、労働基準法上に時間外労働の上限規制が(成人男子については史上初めて)設けられました。改めてその水準を確認しておきますと、法定労働時間である週四〇時間を超える時間外労働の上限が、原則として月四五時間で年間三六〇時間とされた上で、特例として年七二〇時間まで認められます。さらに時間外労働＋休日労働の上限が、二〜六か月平均で月八〇時間以内、単月で一〇〇時間未満となり、加えて月四五時間を超える特例は年六回までという制限もあります。

これらの数値はどこから来たのかといえば、原則の月四五時間と年三六〇時間はこれまでの三六協定の限度基準の数字です。これらは直接的な法的拘束力のない行政指導上の指針に過ぎないとはいえ、今までも存在してきました。それに対して、時間外労働と休日労働を合わせた上限の方は、労働時間政策には存在してこなかった数字です。ではどこに存在していたのかというと、労働者災害補償保険(労災保険)の過労死認定基準の数字なのです。そこで、そもそも過労死認定基準なるものがどうして設定されるに至ったのかに遡って、この数字の源流を見ていきましょう。

過労死が認められるまで

よく過労死という言葉は日本にしかないと言われます。英語でも「カローシ」で通じる数少ない言葉だとも。その通りなのですが、その理由の一つには、日本の労災保険制度が職業病について限定主義をとらず、「その他業務に起因することの明らかな疾病」をも対象にしていることがありました。世間で過労死と呼ばれているものは、医学的には脳血管疾患(脳内出血、くも膜下出血、脳梗塞及び高血圧性脳症)及び虚血性心疾患(心筋梗塞、狭心症、心停止及び解離性大動脈瘤)を指し、これらはいずれも血管病変等が長い年月の生活の営みの中で徐々に進行し、増悪するといった自然経過をたどり、発症に至るものがほとんどで、生活習慣病と呼ばれています。そのため、脳・心臓疾患を自然経過により発症した場合には、労災補償の対象にはなりません。しかし、血管病変等がその自然経過を超えて著しく増悪し、脳・心臓疾患を発症する場合があることは医学的にも認知されており、その増悪の原因が業務による場合には、「その他業務に起因することの明らかな疾病」として労災補償の対象になります。こういう一般疾病ではあるが、業務が何らかの関連を持ち、労働者の健康に大きな影響のある疾病を、世界保健機関(WHO)は作業関連疾患と呼んでいますが、それを労働災害の一種と認めてきたのは日本だけです。

とはいえ、その道筋はなめらかではありませんでした。日本の労働省もかつてはドイツ式の災害主義の立場に立ち、発病の直前に急激な業務に就労したことによる精神的肉体的負担(=災害)が認められることを要求していました。それゆえ、過労死認定申請のほとんどは棄却されていたのです。これに対し遺族と弁護士たちが裁判闘争を繰り返し、細かな経緯は省略しますが、最終的に二〇〇〇年七月一七日の最高裁判所の二つの判決(横浜南労基署長(東京海上横浜支店)事件、西宮労基署長(大阪淡路交通)事件)で、長期間にわたる蓄積された疲労を考慮すべきだとして、国を敗訴させました。労働省のそれまでの認定基準を否定したのです。

これを受けて、医学専門家等を集めて検討会が行われ、その結論に基づいて二〇〇一年一二月に新たな認定基準(基発第一〇六三号)が発出されました、ここでは、疲労の蓄積の評価期間を六か月とし、業務の過重性の評価については労働時間に着目して、発症前一～六か月にわたって一か月当たり概ね四五時間を超えて労働時間が長くなるほど、業務と発症との関連性が強まり、発症前一か月間に概ね一〇〇時間又は発症前二～六か月間にわたって一か月当たり概ね八〇時間を超える時間外労働があれば、業務と発症との関連性が強いとしています。この認定基準の意義は、初めて具体的な数字を示して、一定時間以上の長時間労働が使用者の災害補償義務の対象となりうる過重労働であることを認めたことにあります。なお、労災保険や労働安全衛生の世界では時間外労働と休日労働を区別せず、健康リスクのある長時間労働として扱っています。

メンバーシップ型の職場健康診断

この数字が労働時間規制の中に盛り込まれるにはなお一七年の時間が必要だったわけですが、とはいえその間、労働政策は何もしなかったわけではありません。労災保険と表裏一体の関係にある労働安全衛生の分野においては、過重労働防止のための施策が講じられてきました。ただそれは戦時中に遡る日本独特の職場健康診断を中心に据えるものであり、ある意味ではメンバーシップ型の仕組みに過度に依存するものでもありました。

この話を理解するためには、日本では当たり前の職場における一般健康診断というものは諸外国には存在しないという事実から始めなければなりません。公衆衛生とか保健といわれる分野は世界共通ですが、本来そちらに属するはずの個人の一般健康診断が、使用者の義務として位置付けられているのは日本だけなのです。念のためにいえば、世界共通に職業病を発生させる可能性のある有害業務というのはあり、そうした業務に従事する労働者の特殊健康診断を使用者に義務付けるというのも世界共通の労働安全衛生政策です。リスクの元が仕事にあるのであれば労働法の世界で対応し、そうでなければ一般の医療保健制度の方で対応するというのが、日本以外で共通の分業体制です。

ところが日本では、労働安全衛生法に採用時と年一回定期の一般健康診断を行う義務(使用者)と受ける義務(労働者)を定めています(第六六条第一項、第五項)。この世界に稀な規定の源流を遡ると、太平洋戦争開始直後の一九四二年二月、工場法施行規則を改正して雇入れ時と年一回の健康診断を義務付けたことに行きつきます。これはもちろん、戦時体制下で産業戦士の健康を維持する必要が高まるとともに、徴兵されたときに強健な兵士として出征できるようにするためでした。戦後、一九四七年に労働基準法が制定されるとき、この一般健康診断の規定も受け継がれ、一九七二年に労働安全衛生法が分離独立した際にも受け継がれていったのです。

職場健康診断を基軸とする過重労働対策

労働安全衛生分野における過重労働対策は、この戦時体制由来の一般健康診断規定を基軸として、それに様々な措置を付け加える形で発展してきました。まず前述の二〇〇〇年の最高裁判決に先立ち、一九九六年の労働安全衛生法改正により、使用者は有所見者の健康診断結果について医師等の意見を聞き、その意見を踏まえて就業場所の変更や労働時間の短縮等の適切な事後措置を講じなければならなくなりました。一九九九年改正では、深夜業従事者が自発的に受けた健康診断結果も考慮の対象となっています。過労死認定基準発出直後の二〇〇二年には、これは法律ではなく通達ですが、月四五時間を超える時間外労働の場合は産業医の助言指導を、月一〇〇時間(又は月平均八〇時間)を超える時間外労働の場合は産業医の面接及び必要と認められれば健康診断を受けさせるよう求めています。

この考え方が法律に盛り込まれたのが、二〇〇五年一一月の労働安全衛生法改正です。月一〇〇時間を超える時間外労働に対して医師の面接指導を行い、その結果に基づいて就業場所の変更や労働時間の短縮等の適切な事後措置を講じなければなりません。この数字は、労基法上の上限が月一〇〇時間未満になったのに合わせて、二〇一八年改正で月八〇時間超になりました。併せて、長時間労働者の面接指導のため、タイムカードやパソコンのログイン・ログアウト時間などにより労働時間の状況の把握義務も規定されています。

2　健康とプライバシーのはざま

健康情報は機微な個人情報

ここまでの展開を見てきて気がつくのは、長時間労働による健康リスクに対して、そのリスク要因の軽減に先立って、まず何よりも労働者の健康状況の使用者による把握が最優先課題とされていることです。でもそれでいいのでしょうか。使用者は常に労働者の健康のことを気遣ってくれる存在だという前提で制度設計して大丈夫なのでしょうか。戦時中から今日に至る職場健診とそれに基づく様々な措置の歴史を見ると、会社と労働者は取引相手だという前提がどこかへ飛んで行ってしまって、労働者は会社のメンバーなのだから大切に扱えという発想によって進められてきているようです。しかし、労働力の取引相手にうかつに健康情報を渡してしまっていいのかということを、改めて考えてみる必要はないのでしょうか。

もちろんあります。実は、前述のような過労死対策が進められてきたこの二〇年間は、同時に労働者の個人情報保護が進められてきた二〇年間でもあるのです。そして、労働者の健康に関する情報というのは、個人情報の中でも特に機微にわたる情報、取扱いに注意が求められる情報でもあるのです。その流れをざっと見ておきましょう。

二〇〇三年五月に成立した個人情報保護法では、個人情報取扱事業者について様々な義務を定めていますが、企業が雇用する労働者の個人情報も同法でいう個人情報に当たります。厚生労働省はこれに先立って一九九八年から労働者の個人情報保護に関する検討を進め、二〇〇〇年二月には「労働者の個人情報保護に関する行動指針」を取りまとめていました。個人情報保護法制定後の二〇〇四年七月には、同法の規定に則した形で「雇用管理に関する個人情報の適正な取扱いを確保するために事業者が講ずべき措置に関する指針」を策定しています。これと並行して、安全衛生サイドでも労働者の健康情報の保護についての検討が進められ、二〇〇四年九月には労働者の健康情報の保護に関する検討会の報告書を取りまとめ、翌一〇月には「雇用管理に関する個人情報のうち健康情報を取り扱うに当たっての留意事項について」(基発第一〇二九〇〇九号)を発出しています。これは、ちょうど前述の二〇〇五年労働安全衛生法改正に向けた検討と同時並行で進められた議論です。

プライバシーを会社に委ねていいのか?

ここで、事業者による労働者の健康情報の収集が問題となります。検討会においては、労働法学者から、労働者の健診受診義務がプライバシーの保護との関係で妥当なのか疑問が提起されたのに対し、他の委員からは、受診率が低下する懸念、伝染性の疾患から職場を守る等の目的を果たすことが困難になること、過重労働による健康障害の危険といったことから反論がなされています。

二〇〇五年改正ではさらに、過重労働の場合に労働者が面接指導を受けなければならないという規定も盛り込まれ、労働者への義務付けが強化されています。これでは、労働者は健康情報という機微情報、プライバシーの中核を会社に委ねることが義務付けられるに等しいとも言えます。

もちろんそれは、労働者が過労死しないようにという善意に基づくものです。しかし、善意だから全て許されると言っていいのでしょうか。そういう善意は、言い換えれば会社のパターナリズムの下に労働者を包摂しようという発想ですが、そういう方向に進めば進むほど、会社と労働者は対等の取引相手であるというジョブ型社会の常識からはかけ離れていってしまうことも確かです。

安全配慮とプライバシーのトレードオフ

今日過労死と呼ばれるようになった脳・心臓疾患は、もともと生活習慣病と呼ばれ、その意味では個人の問題でした。個人の問題である限り、それに関わる健康情報も個人のプライバシーに属すると簡単に整理することもできました。ところが、過労死が社会問題化する中で、それが業務によって著しく増悪した場合には労災補償の対象になったり、民事損害賠償の対象になったりするようになり、その意味ではもはや個人の問題とは言えなくなってきました。使用者にはきちんと労働者の健康管理を実施し、過重労働によって病変が増悪しないように配慮する義務が課せられるようになってきたのです。

そうすると、労働者の側にも、使用者を労災補償や民事損害賠償の責任に追い込まないために、一定の健康情報を使用者に提供する義務があるのでなければ、バランスがとれなくなります。自分のプライバシーを使用者に明かすのはいやだが、その結果自分が脳・心臓疾患で倒れたらおまえの責任だから補償しろと言うのはいかにもおかしいでしょう。

逆に個人のプライバシーを優先して考え、本人が受診を拒否すれば、使用者は民事上の安全配慮義務を免れるという考え方もありうるでしょう。これはこれで整合性のある一貫した立場です。とはいえ、労災補償は認定基準に基づいて客観的に行われますから、本人の受診拒否によって労働基準法上の補償責任を免れるということはありません。無過失責任とはいいながら、割り切れない感じが残ります。

あるいは、法律にあるからと無理やり健康診断を受けさせられ、その結果心身の健康に問題があるからという理由でそれまでの高度な仕事から引きはがされ、レベルの低い仕事に回されたというような場合、そのことが人権侵害なのか、それとも過労死や過労自殺という人権侵害を避けるためのやむを得ない措置なのか、答えるのに悩みます。

労働者のプライバシーは健康情報だけではありません。例えば勤務先に黙って夜間のアルバイトをすることも、その疲労が蓄積して心身の健康に悪影響を与えることを考えれば、使用者としてはたまったものではないでしょう。しかし、労働契約で拘束されている時間以外にどこで何をしようが、そんなことを使用者に報告すべき義務はないはずです。労働者と使用者の関係は対等の関係ではないのか、ということにもなるでしょう。

ここに表れているのは、労働関係をお互いに配慮し合うべき長期的かつ密接な人間関係と見るのか、それとも労務と報酬の交換という独立した個人間の取引関係と見るのかという哲学的な問題です。現行法自体が両方の思想に立脚している以上、現実の場面でそれらがぶつかるのは不思議ではないのです。

四　メンタルヘルスの迷宮

1　メンタルヘルスのパターナリズムとプライバシー

過労自殺も裁判から労災認定基準へ

過労死と並ぶ近年の労働政策の主要テーマが過労自殺です。二〇一八年の働き方改革による時間外労働の上限設定自体、働き方改革推進会議でこの問題が議論されていた二〇一六年九月に、電通の女性新入社員が過労自殺したと労災認定されたことによって促進された面があります。この事件は第二電通事件と呼ばれましたが、第一の電通事件は二〇〇〇年三月二四日の最高裁判決で有名になりました。自殺をもたらした原因は、共通する長時間労働に加えて、第二事件が「女子力がない」等の上司のパワハラだったのに対し、第一事件は靴に注いだビールを飲ませるなどのいじめが注目されました。

この過労自殺も、過労死と同様に裁判闘争から労災認定基準に発展し、さらに労働安全衛生政策に進んでいったのですが、そこでプライバシーとの関係から大きな問題を引き起こしたのです。その経緯を改めて見ておきましょう。下級審で自殺と業務の因果関係を認める判決が続出する中で、労働省は一九九九年九月に「心理的負荷による精神障害等に係る業務上外の判断指針」(基発第五四四号)を発出し、精神障害が業務上と認められるための要件として、対象疾病の発病前概ね六か月の間に、客観的に当該精神障害を発病させる恐れのある業務により強い心理的負荷が認められることなどを示しました。

メンタルヘルスでプライバシーと激突してストレスチェックへ

一方、近年のメンタルヘルス対策の出発点は、年間自殺者が三万人を超えたことに対して、二〇〇六年に議員立法で自殺対策基本法が成立したことにあります。民主党政権下で自殺対策が強化され、その一環として職場の定期健診でメンタルヘルス不調者を把握し、それに基づいて労働時間の短縮や作業転換を行っていくという方針が打ち出されました。まさに前述の会社のパターナリズムの下に労働者を包摂しようという発想です。しかしながら、これが具体的な立法プロセスに入っていくと、大きな反発を生み出すことになりました。

細かな経緯は省略しますが、二〇一〇年に厚生労働省の検討会で議論が始まってから、労働政策審議会での検討を経て、国会に労働安全衛生法の改正案が提出され、それが廃案になって再度提出されるに至るまで、精神医学関係者も巻き込んで激論が戦わされました。ようやく二〇一四年六月に同改正法が成立に至ったときには、精神疾患の発見を第一義とするものではなく、メンタルヘルス不調となることを防止するためのストレスチェックであると位置付け直されていました。

確かに、一日の時間のうち大部分を過ごしているのは職場であることから、事業主が精神健康状態をきちんと把握し対策を講ずることができれば、メンタルヘルスをこじらせて自殺に至るという事態を防ぐことができる可能性があります。しかし一方、精神の健康に関する情報というのは、個人情報の中でも特にセンシティブな情報です。使用者が労働者の精神健康情報を収集し、これに基づいて人事管理を行うというのは、労働者にとっては人に知られたくないプライバシーを強制的に暴かれるということでもあります。労働者の精神状態が不調となっていることを理由として、使用者側が不当な処遇を押し付けてくる懸念もあります。

ここに表れているのはやはり、企業と労働者の関係をどう見るかという哲学的な対立です。労働者は企業の一員であるとの考え方をすれば、企業はメンバーである労働者のことを配慮し、メンタルヘルス不調が自殺に至らないように適切な処遇をしてくれると期待できますが、企業と労働者は赤の他人だという考え方をすれば、メンタルヘルス不調に陥った労働者は配慮よりも排除の対象となるでしょう。現実の労働社会はその両方が混じり合っているため、事業主がメンタルヘルス対策に大きく関与することの是非については、一方の考え方だけできれいに説明することができないのです。

使用者責任追及がパターナリズムを強化する皮肉

本章で述べてきたことは、読者に何ともいえないアンビバレンツを残したのではないでしょうか。過労死は許されない。過労自殺も許されない。会社の責任は重大だ。だからといって、その責任を追及する仕方が、使用者はもっともっと労働者の身体や精神の健康に関する情報を入手し、過労死したり過労自殺したりしないように注意深く気を配れ、という方向に進んでいってしまって、本当にいいのか、という問題です。

少なくとも、今までの過労死、過労自殺をめぐる判例法理は、使用者の安全配慮義務の範囲をどこまでもどこまでも広げる方向で進んできました。その方が使用者責任を問いやすいのですから、遺族や弁護士がそういう戦略をとるのは合理的です。そして現実の日本社会が、決して会社と労働者が対等な取引相手などではなく、職務も労働時間も勤務場所も無限定なメンバーシップ型正社員として、全精力を会社のためにつぎ込んで働いてきた人々がある日突然亡くなったり自殺したりしているのですから、その責任を会社に負わす方向で裁判官が判決を下してきたこともよく理解できます。

しかしながらその正義感に満ちた行動の一つ一つが、論理的因果関係の回路を通じて、会社のパターナリズムをより一層強化する方向に働いてきたこともまた事実なのです。

2　メンバーシップ型はパワハラの培養土

ハラスメントは世界共通の問題だが

さて、過労自殺問題をクローズアップさせた二つの電通事件がいずれもいじめ、パワハラによる自殺であったことは、これが日本型雇用システムと密接な関係にあることを暗示します。もちろん、職場におけるいじめ、ハラスメントは世界共通の現象です。だからこそ二〇一九年には、ＩＬＯで仕事の世界における暴力とハラスメントの撤廃条約(第一九〇号)が採択されたのです。しかしながら、近年のハラスメントに関する議論を細かく見ていくと、他国では見たことのないある議論が、日本では最も盛んに論じられていることが分かります。それは、「教育訓練とハラスメントの境界線をどう考えればいいのか」という上司サイドからの疑問です。

日本以外では、ハラスメントは暴力と並べられていることからも分かるように、本来職場であってはならない現象です。あってはならないといいながら、そんじょそこらの人間同士が寄り集まって作るのが職場という社会であるために、いじめやハラスメントや暴力行為がしょっちゅう起こるので、それに対処しなければならないわけです。もちろん、日本でも特に中小零細企業の個別労使紛争の実態を見れば、その手の事案も山のようにあります。あるいは、大企業でも非正規労働者を見下す正社員による悪質ないじめも少なくありません。これらはまさにいじめるためのいじめです。学校の生徒同士のいじめと似たようなものです。

日本特有の善意のパワハラ

しかし、日本のまともな大企業で、上司や先輩から若い正社員相手に発生するハラスメント事案の多くは、性格がいささか異なります。少なくとも上司や先輩は、いじめのためのいじめをしているつもりはさらさらなく、その若手社員の成長のために、教育訓練の一環として厳しい対応をしてあげているつもりであることが多いからです。決して悪意ではなく、むしろ善意にあふれているのです。若いうちは厳しく叩いてこそ大きく成長するのだと、自分もそのように会社に育ててもらった上司たちは考えているので、自分も同じように鬼軍曹として鍛えてあげようと思ってやり過ぎると、相手がポキッと折れてしまうケースが多いわけです。

問題は、なぜ上司や先輩が若手社員を鍛えるものだとみんな思っているのかという点です。それは、相手が何もできない何も分からない素人だから、少々手荒にでも鍛えてあげないと使い物にならないからです。なぜそんな鍛えないといけないような素人をわざわざ使うのですか？　と、ジョブ型社会の人であれば聞くでしょう。ちゃんと資格を持ち、その仕事ができると確認した人を雇えば、そんな無駄なことをしなくてもいいのに、と。そう、ここに、ジョブ型社会とメンバーシップ型社会を隔てる深くて暗い断絶の川が流れているのです。

第5章　メンバーシップの周縁地帯

一　女性活躍というけれど

1　女子は若いのに限る――花嫁候補のＯＬモデル

ＯＬは結婚までの短期的メンバーシップ

伝統的な日本型雇用システムにおいては、女性は新卒採用から結婚退職までの短期的メンバーシップとして位置付けられていました。場合によっては、女性正社員は男性正社員の花嫁候補者的存在でもありました。こういった事務職場の補助業務を中心とする女性労働モデルを、高度成長期まではビジネス・ガール（ＢＧ）、その後はオフィス・レディ（ＯＬ）と呼んでいました。

男性正社員が長期勤続を前提にして、手厚い教育訓練を受け、配置転換を繰り返していくのに対して、短期勤続が前提の女性正社員はそういった雇用管理からは排除されています。しかし、短期勤続である限り正社員としてのメリットは十分享受できる仕組みになっており、それを男女差別と捉える考え方はほとんど見られませんでした。むしろ、家庭において妻が夫を支えるように、会社でも女性社員が男性社員を支えるのだという認識が一般的だったようです。女性の家庭へのメンバーシップになぞらえる形で企業へのメンバーシップを構築したと言えましょう。

短期勤続が前提とはいえ、ある程度の期間は勤続してもらわなければ、事務補助業務といえども円滑に回りません。そのため、結婚適齢期まである程度の勤続が見込まれる高卒女性がもっぱらその対象となりました。これはやがて学歴水準の上昇とともに短大卒に移行していきますが、四年制大学卒の女性は長らく排除されていました。これは、短期勤続を前提にすることは困難ですが、とはいえ長期勤続を前提とした男性正社員並みの処遇をすることも考えられないという状況を反映しています。

OLは男性正社員の花嫁候補

OL型女性労働モデルには、女性正社員を男性正社員の花嫁候補者的存在とみなすという側面もありました。つまり、会社は長期的メンバーシップを保障する男性正社員に、「銃後の憂いなく」二四時間働いてもらえるように、安心して家庭を任せられる女性を結びつけるという機能も果たしていたわけです。女性正社員の採用基準に、「自宅通勤できること」といった職務とも人格とも直接関係なさそうな項目が含まれていたのも、花嫁候補という観点からすれば合理的であったのでしょう。社内結婚した女性は、結婚退職までは短期的メンバーシップで、その後は夫の長期的メンバーシップによって、会社とつながりを持ち続けます。これも一種の終身雇用かも知れません。逆に、社内結婚したのに妻が同じ会社で働き続けるなどということは、許されない雰囲気も強かったようです。

一九六〇年代に結婚退職制や男女別定年制をめぐって起こされた裁判の判決文を見ると、当時の企業のものの考え方が極めて露骨に表出されています。例えば、女性について結婚又は三五歳を定年と定めた事案である一九六六年一二月二〇日の住友セメント事件東京地裁判決では、業務計画立案等の高度の判断力を必要とする業務は逐次昇進して幹部従業員となる男子職員のみに行わせ、結婚までの腰掛けとみなされた女子職員には文書の発受信、コピーの作成、事務用品の配布、使い走り、来客の取りつぎ、清掃、お茶汲み、その他男子職員の指示による計算、文書の浄書整理、電話連絡等といった高度の判断力を必要としない補助的業務のみを行わせているにもかかわらず、男女同一賃金の原則(!)に徹しているため、結婚退職させないと、長期勤続の女子職員の方が男子職員よりも高給となってしまうという不合理が生じてしまうと会社側が論じています。男女差別的労務管理と(同一労働の欠落した)男女同一年功同一賃金を組み合わせると、こういう論理的帰結に至るという見事な証明になっています。

2　ジョブの平等、コースの平等

総合職、一般職という職種

これら差別的制度を公序良俗違反で無効とした判例をようやく立法化したのが、一九八五年の男女均等法です。これにより定年、退職、解雇についての女性差別とともに、結婚、妊娠、出産を退職理由とすることも明示的に禁止されました。一方、このいわゆる努力義務法は、募集・採用、配置・昇進、教育訓練、福利厚生など広範な労務管理分野において、男女均等待遇を努力義務にとどめました。大企業を中心として、男女均等法に対応すべく導入されたのがコース別雇用管理といわれるものです。これは通常、総合職と呼ばれる基幹的な業務に従事する職種と、一般職と呼ばれる補助的な業務に従事する職種を区分し、それぞれに対応する人事制度を用意するというものです。

法律上にわざわざ職種と書かれていますが、いかなる意味でもジョブとは関係がない日本独特の概念です。日本標準職業分類にも、日本で職種と思われていない管理職はちゃんと入っていますが、総合職／一般職などという得体の知れない職種は出てきません。要はそれまでの男性正社員の働き方と女性正社員の働き方をコースとして明確化したものです。ただ、女性でも総合職になれるし、男性が一般職になることも(実際にはほとんどありませんが)ありうるという仕組みにすることで、男女均等法制に対応した人事制度という形を整えたのです。これにより、各コースに異なる労働条件を当てはめるとともに、とりわけ昇格のスピードを制度的に異ならせることにより、辞めなくなったのに男性並みには働かない女性に、それに見合った処遇を与えることができる、というのが狙いでした。

一方、男性並みに働こうとする女性には総合職として高い処遇を与えるという意図もあったことは否定できませんが、実際には、総合職の条件として転勤に応じられることといった条件が付けられることが多く、家庭責任を負った既婚女性にとってはこれに応えることは困難でした。もちろん、頻繁な配置転換が日本型雇用システムの重要な要素であることは確かですから、転勤要件自体が必ずしも不合理というわけではありません。しかし実際には、女性を総合職にしないために、企業がわざわざ転勤要件を要求したという面もあったようです。こうした男女均等の在り方をコースの平等と呼ぶことができるでしょう。

ジョブ型社会の男女均等

これに対し、ジョブ型社会の男女均等は全く異なる原理の下にあります。基礎の基礎を思い出してください。ジョブ型社会では募集・採用も昇進も同じことであり、あるポストが空席になったときに、それに応募してきた男女から適格な人を選び出すことを意味します。そのため、ジョブディスクリプションに適合しているにもかかわらず差別的に排除することが差別になるのであって、それが男女均等の出発点です。

次に、応募者の複数名がいずれも当該ジョブにふさわしい資格を有しているときに、より少ない方の性(普通は女性)を優先的にそのポストに就けようというのが、ポジティブアクションとかアフアーマティブアクションとか言われるものです。欧米の裁判例でよく出てくるのは、男女どちらも昇進する資格がある場合、オレの方が優秀なのに何であの女を昇進させるんだ——といった事案です。

3　ジョブなき社会の女性活躍

女性管理職割合三〇%目標は達成困難だが

一九九七年の改正により、男女均等法はようやく努力義務法から差別禁止法になりました。多くの企業もこの頃から本格的に女性総合職の採用に踏み切っていきます。しかしながら、それはメンバーシップ型社会の基本構造を変えることなく、男であれ女であれ、会社に全人格的に参加することを条件として活用していくし、それに応じて処遇していくというものでした。それゆえ、これ以後の女性総合職は、男性並みの無限定な働き方と、依然として女性のみにかかり続ける家事負担、とりわけ出産後の育児負担との矛盾に引き裂かれていくことになります。この話の続きは、第4章二の「本当のワーク・ライフ・バランス」に委ねられることになりますが、それでもなお残る難題が女性にしかないマタニティ(妊娠出産)の問題です。

一方、二〇一五年八月に成立した女性活躍推進法は、二〇二〇年までに指導的地位に占める女性を三〇％にするという目標を掲げましたが、二〇二〇年における女性管理職割合は一五％弱で、目標の先送りを余儀なくされました。ただ、実はこの数値目標自体どこまで意味があるのかよく分からないところがあります。というのも前述した通り、日本企業における管理職というのは職種ではなくて年功による処遇という性格が強いので、ジョブ型社会の管理職とは性格が異なるからです。

年功的処遇であるという点に着目すると、日本の企業がまともに女性総合職を採用するようになったのは一九九七年改正法の施行（一九九九年）以降なので、まだせいぜい二〇年ほどしか経っていません。ということは、課長クラスに昇進するのに平均二〇年近くかかるとすると、これからようやく本格的に女性管理職が続々と出てくるはずだということになります。

何でもありでやれてしまう面も

一方、管理職が職種でなく処遇に過ぎないという点に着目すると、企業内で実質的に有する機能に関わりなく、「うちの会社は女性が活躍していますよ」と外向けに宣伝する目的で、内実のない女性管理職をいくらでもでっち上げられるということも意味します。基礎の基礎を思い出してください。ジョブ型社会では初めにジョブありきで、そこに最も適切なスキルを有するヒトをはめ込むのが採用であり、企業内の配置・昇進も同じ原理の下にあります。

ジョブ型社会では、女性活躍の数値目標を議論する際にもジョブ型ルールが大前提です。例えば、ある病院で医師が男性ばかりだから、看護師から女性を昇進させて数合わせをしよう——なんてことはありえません。そういう性別職務分離（ジョブセグリゲーション）を解消するためには、まずは女子が医学部にどんどん進学して資格のある女性をたくさん作らないといけません。日本も医療界はジョブ型社会ですから、そういうことになります（実際はむしろ、医学部入試でも女子を意図的に差別してきたのが実態のようですが）。

ところが、そういうジョブ型ルールで動いていない日本のメンバーシップ型社会では、話が全く違う様相を呈します。そもそも同じ職業資格を持っているのに差別されるという概念がありません。日本ではそんなもので採用したり昇進させたりしているわけではないので、判断基準は結局はなはだ一般的な人間力になってしまい、仮に差別があってもそれを差別だと立証しにくいという面が間違いなくあります。

その一方で、とにかく数合わせさえすればいいというむちゃな要求でも、そもそもそのジョブにふさわしい資格があるか否かというような基準で採用したり昇進させたりしていないので、何でもありでやれてしまう面があるのです。実際には暗黙のルールとして年次昇進があり、今までは「まだ女性が育っていませんので……」というのが言い訳になっていたわけですが、そもそも論としてこれは女性を管理職に就けないことの絶対的な理由にはなりません。ジョブ型社会で「当該ジョブに応募できるだけの資格がない」というのとは話が違います。

このように、ジョブディスクリプションなきメンバーシップ型社会は、ジョブ型からすれば不当な差別を差別と言いにくい社会であると同時に、ジョブ型からすれば信じられないような数合わせをやれてしまう社会でもあるのです。

二　障害者という別枠

1　メンバーシップ型になじまない障害者雇用

障害者差別禁止が空振りになるわけ

ジョブ型社会を前提に構築された差別禁止の考え方が、メンバーシップ型社会ではいかに空洞化するか、という観点からすると、女性差別の問題と障害者差別の問題には類似した性格があります。二〇〇六年国連障害者権利条約を批准するために、日本でも二〇一三年六月に障害者雇用促進法が改正され、障害者に対する直接間接の差別が禁止されるとともに、合理的配慮も規定されました。しかし、欧米ジョブ型社会を前提として発達してきた差別禁止と合理的配慮という発想を日本のメンバーシップ型雇用の世界に導入したことによる落差は、必ずしも明確に意識されていないように見えます。

同じ落差は男女差別についてもあったのですが、前述のようにジョブの平等に立脚する欧米型男女均等をコースの平等に読み替えて何とかこなしてきました。障害者差別禁止の基本枠組みは男女均等法のそれに倣っています。しかし、特定のジョブとの関係で初めて職業能力の低下や欠如が問題となりうる障害者において、ジョブ抜きの差別禁止やとりわけ合理的配慮というのは、かなり無理があると言わざるを得ません。その結果、指針の文言のある部分はいかにもジョブ型を前提にしたものとなっています。

例えば募集採用について障害者を排除してはいけないけれども、業務遂行上特に必要な能力を条件とすることは差別ではないとか、障害者が支障となっている事情とその改善のために希望する措置を申し出たら、事業主は障害者と話し合って過重な負担にならない範囲で合理的配慮措置を確定せよとか、具体的にどういう業務を想定しているのかが明確でなければ議論のしようがありません。障害とはまさにある特定の職業能力の低下ないし欠如であり、しかしそこをうまく埋めれば業務が遂行できることが障害者雇用の存立基盤なのですから。ある業務のための合理的配慮があれば問題なく働ける障害者も、他の業務に配置転換されてしまえば働けなくなってしまうこともありえます。職務無限定の男性正社員と同じコースに女性正社員も総合職として乗せればよかった男女均等法とは事情が違うのです。

その意味で、障害者雇用は原則としてジョブ型にならざるを得ません。実はこれまでも、障害者雇用率制度と様々な助成制度の下で、特定業務にはめ込む、場合によっては特定業務を作り出すという形で、メンバーシップ型の健常者正社員とは違う雇用区分で障害者を活用してきました。そこを無理に差別禁止して無限定正社員にせよと言ってしまうと、かえって障害者が働けなくなってしまいます。

障害とスキルと「能力」の関係

改めて、雇用における障害とは何かを考えてみましょう。障害とは日常生活や社会生活における行動を制約する心身の特徴ですが、職業生活との関係で考えれば、その障害が遂行するべき仕事にとって不可欠な部分に関わることもあれば、そうでないこともあります。障害者は全て何らかの特定の部分についての障害を有する者なのであって、他の部分では必ずしも障害を有しているわけではありません。肢体不自由な身体障害者であっても事務作業は抜群にできるかもしれませんし、知的障害者であっても辛抱強く単純作業をこなせるかもしれませんし、精神障害者であってもマイペースでやれる仕事には向いているかもしれません。

ジョブ型社会においては、採用とはそのジョブに最もふさわしいスキルを有するヒトを当てはめることです。健常者であっても障害者であってもその点に変わりはありません。違うのは、そのジョブにふさわしいスキル以外の点です。そのジョブをこなすスキルは十分持っているけれども、そのスキルとは直接関係のない部分で障害があり、その障害に対応するためには余計なコストがかかるので、例えば車椅子で作業してもらおうとすると職場を改造しなくてはならないので、その障害者を採用しないというケースが典型的です。個々のジョブレベルではそれは不合理な決定です。しかし企業の採算というレベルでは合理的な判断です。とはいえマクロ社会的な観点からはスキルのある障害者を有効に活用できないのでやはり不合理な決定と言わざるを得ません。この不整合を是正し、ミクロなジョブレベルでもマクロな社会レベルでも合理的な決定に企業を持って行くためのロジックが合理的配慮という発想です。差別禁止と合理的配慮という組み合わせは、ジョブ型社会の基本理念に基づくものなのです。

ところがメンバーシップ型社会では、その全ての基本になるべきジョブやスキルの概念が存在しません。その代わりにあるのは無限定正社員とその不可視の「能力」です。そういう社会の中に、特定のジョブのスキルは十分あるけれどもそれ以外の部分で就労を困難にする要因がある障害者をうまくはめ込むのは至難の業になります。障害者には日本的な意味での「能力」があると言えるのか。考えれば考えるほど答えが出ない領域です。これまでの日本の障害者雇用政策がもっぱら雇用率制度により、別枠として一定数の障害者を雇用させる手法に頼り、とりわけ特例子会社というような形で人事労務管理も完全別立てにすることが多かった理由はそこにあります。

2　発達障害と躁鬱気質のパラドックス

空気が読めない発達障害者

近年、障害者の中でも注目されているのがアスペルガー症候群などの発達障害です。この発達障害がとりわけ、知識やスキルよりもコミュニケーション能力を重視するメンバーシップ型雇用と相性が悪いと言われています。

ジョブ型社会であれば、コミュニケーション能力も特定のジョブにおいて必要とされる一つのスキルです。それが求められるジョブにはコミュニケーション能力の高いヒトが採用されるでしょうが、一人で黙々とやればよいジョブであれば、そんなスキルは特に必要ありません。直接の上司が職務上接触するときにだけ気を遣えばいいのです。それが最低限の合理的配慮ということになるでしょう。

ところがメンバーシップ型社会では、コミュニケーション能力が全ての大前提です。そもそも特定のジョブのスキルもない素人を、たまたまあてがわれた上司や先輩が手取り足取りＯＪＴで教育訓練していくわけですし、どんな仕事を進めていく上でも、周りの人々との協調性が全てに優先する要件になります。まるで、空気が読めない発達障害の人が仕事をしにくいように、しにくいようにしつらえたのかと思うような相性の悪さです。

気が利きすぎる躁鬱気質の悲劇

一方で、メンバーシップ型に適合的なのが、対人的配慮、役割同一性、秩序への固着を特徴とするいわゆる躁鬱(メランコリー)気質です。大野正和は『自己愛化《わがまま》する仕事』(労働調査会、二〇一〇年)において、日本的な曖昧な仕事分担の下で、気を配り、気を遣い、気を利かし、バトンタッチゾーンでは融通無碍に助け合う暗黙知の世界を描き出しています。「人と人との間」での相互依存と相互監視に特徴付けられる間人主義的技能こそが日本的経営の強みでした。ところがそこに、基本構造はメンバーシップ型のままで局部的に成果主義を導入することによって、その矛盾を一身に引き受けざるを得なくなっているのが彼らだというのです。

人件費抑制を目的に成果主義を導入し、成果主義でやるからと書かれた目標に照らして短期の成果で評価していくことになると、評価されるように表面だけジョブ型風に行動することがその側面では合理的になってしまいます。ところが職務の明確化が進んでいるわけでもなく、職務構造は曖昧なままで、自己中心的なナルシス型が「それは私の仕事じゃない」と言い出すと、実際の職場は回らなくなるため、気配りの利く人ほどそこを抱え込むことになり、へとへとになって、しまいには鬱病になって自殺にまで追い込まれるというわけです。これが近年の過労自殺の原因の一つだとすると、この問題は考えれば考えるほど複雑怪奇です。

三　ローエンド外国人――サイドドアからフロントドアへ

1　サイドドア型外国人労働者導入政策

雇用許可制失敗の要因

過去三〇年間の日本の外国人労働者に係る政策は、もっぱら出入国管理政策という観点から扱われてきました。言い換えれば、外国人労働者政策は労働政策に非ずという非現実的な政策思想によって、日本の外国人労働者問題が動かされてきたのです。なぜそのようなことになってしまったのか、歴史を振り返ってみましょう。

外国人労働者問題が政策課題として取り上げられるようになったのは、バブル景気の中でアジア諸国からの不法就労者が急増してきたためです。労働省の外国人労働者問題研究会は一九八八年三月、専門技術職ではない技能労働者についての雇用許可制の導入を提唱しました。当初は滞在期間を限った労働ビザを発給する労働許可制を検討していましたが、途中から労働者個人を許可の対象とするのではなく、企業に許可を出す雇用許可制に変わってしまったのです。その背景としては、一九八〇年代後半が企業主義的雇用政策に傾いていた時代であったことが挙げられます。同研究会の座長が知的熟練論で知られる小池和男であったことは象徴的です。

しかし、企業主義的雇用政策には企業がその雇用する労働者のために行動するという前提があり、それを促進することに関心が集中して、そうでない企業行動への配慮が欠ける嫌いがあります。これが助成金だけの問題であればあまり弊害はありませんが、雇用許可となると深刻な問題が生じえます。当該外国人自身が何ら公的な許可を受けているわけではない立場の下で、使用者から「言うことを聞かなければ雇用許可を返上する」と圧力を受ければ、およそいかなる異議申立ても困難になるでしょう。つまり、労使間の力関係を決定的に歪めてしまう危険性があるのです。当時の時代精神の中でこの危険性に無頓着であった労働行政に対し、意外な方面からこの危険性を摘示することによって、労働政策としての外国人労働者政策の可能性を葬り去ったのが法務省入国管理局でした。

その危険性とは在日韓国・朝鮮人の雇用への悪影響でした。在日本大韓民国居留民団(民団)という当事者が、雇用許可制度は在日韓国人の就職差別を生むなど問題が多いと主張したため、労働省は断念に追い込まれたのです。これがその後の日本の外国人労働者政策を労働政策の否定に立脚するものとし、今日に至る失われた三〇年を生み出したと言えます。

二つのサイドドア

こうして、外国人労働者政策としての本格的な議論のないまま、両省の権限争いに決着がつき、一九八九年一二月の改正出入国管理及び難民認定法(入管法)により、日系南米人と研修生というサイドドアが設けられました。サイドドアというのは、正面から「労働に従事することを目的として在留する外国人」として入れるのではないという意味です。前者は、日系二世・三世に「定住者」という就労に一切制限のない在留資格を付与するという形で、実質的には企業側が要求していた外国人労働力を導入するものです。その帰結は、労働市場規制が欠落したまま、労働力導入プロセスを全面的にブローカーや業務請負業と称する労働者派遣業に委ねることでした。

研修生はやや複雑です。一九八九年改正は、研修生が留学生や就学生と同じく「収入を伴う事業を運営する活動又は報酬を受ける活動」を行ってはならないという規定を挿入しましたが、これは入管法上の在留資格である「研修」が労働ではないことを強調するために敢えて明記された条文なのです。労働法上、就労しつつ訓練を受ける契約は労働契約に含まれます。ところが、改正入管法では研修を「収入を伴う事業を運営する活動又は報酬を受ける活動」ではないとしていながら、法務省令ではそれに反する基準を各号列記で平然と定めていました。さらに研修生が労働者ではないと強弁するために、解説書(坂中英徳・齋藤利男『出入国管理及び難民認定法逐条解説』日本加除出版、一九九七年)で「研修手当は、学生に支払われる奨学金と似た性格のものであって、受入機関が研修を奨励するために渡航費、滞在費等の実費を研修生に対し支払うものであると考えられる。これは決して労働に対する対価としての性格を有するものではない」などと述べていました。さらに、中小企業協同組合等の監理の下で行われる実務研修を包括的に労働ではない研修と認めることとしたことが重要です。この団体監理方式とは、研修生というサイドドア労働力のブローカー機能を果たすものだったのです。

2　サイドドアからフロントドアへ

奇怪な研修・技能実習制度

一九八九年改正から二〇一六年技能実習法の制定までの二七年間は、法務省が労働者性を全面否定する研修生というサイドドアを、労働者性をフルに認められた技能実習生というサイドドアに作り変える過程でした。しかし、そのうち三分の二近くを占める一九九三年告示から二〇〇九年入管法改正までの研修・技能実習制度の一六年間は、法律上に技能実習という言葉も登場せず、労働者性と非労働者性が組み合わされた奇妙なアマルガムの時代でした。

雇用許可制に失敗した労働省が二の矢として考えたのは、入管法上労働ではないことにされてしまった研修をその実態に即して労働として位置付け、労働政策としての外国人研修制度を構築することでした。労働者のOJTであれば、労働省が権限を主張できると考えたのでしょう。当時出された経済界の提言も似たようなものでした。日本の経営者は、労働者を労働者でないことにして搾取しようと考えるほど悪辣ではなかったのです。

ところが、詳しい経緯は省略しますが、最終的に作られた研修・技能実習制度は、全く同じ作業に従事しながら、前半三分の一は労働者ではない研修生、後半三分の二は労働者である技能実習生という制度設計になっていました。役所の権限争いの妥協の産物という以外にはいかなる説明もつかない奇怪な制度です。

ようやくまともな技能実習法ができたが

このように歪んだ形で出発した研修・技能実習制度が、とりわけその労働者でないとされた研修部分において矛盾を露呈するのは当然でした。彼らの労働者性を認める累次の判決を受けて、政府部内でも規制改革サイドから見直しの声が上がり始め、遂に二〇〇九年七月の入管法改正により、初めて技能実習という在留資格が設けられました。それまでは法務大臣が特に認める活動に過ぎなかったのです。実務研修は労働者に非ずという虚構を否定し、座学以外は雇用関係の下での就労と位置付けたことは、遅きに失したとはいえ正しい改正です。しかしながら、これまで入管法上には規定がなかった団体監理型を敢えて法律上に明記したことは大きな問題を残したと言えます。技能実習生の需給調整をブローカーに委ねる在り方には何の変化もなかったからです。

その後も技能実習制度をめぐっては各方面から問題点の指摘が相次ぎ、特にアメリカ国務省の人身売買報告書は毎年、技能実習制度を労働搾取目的の人身売買であると強く批判し続けました。これらに応えて、技能実習制度を規制する初めての単独法として技能実習法が成立したのは二〇一六年一一月です。これにより、ようやく外国人労働者政策としての問題意識に立脚する制度に立ち返ってきたと言えます。技能評価試験の受検義務化と並んで、監理団体の許可制や実習実施者の届出制、技能実習計画の認定制が導入されました。

特定技能というフロントドア

一方、二〇一〇年代半ばの時期には、特定の業種・職種に限って外国人労働力を導入しようという試みがなされました。そのうち、後述の特定技能につながるのは、二〇一五年からの外国人建設就労者、二〇一七年からの家事支援者、二〇一八年からの農業従事者です。こうしたミクロ的フロントドアの実験を受けて、二〇一八年一二月の入管法改正で設けられたのが、特定技能という新たな在留資格です。これは、人材を確保することが困難な状況にあるため外国人により不足する人材の確保を図るべき産業上の分野において、相当程度の知識又は経験を必要とする技能を要する業務に従事する活動(特定技能一号)や熟練した技能を要する業務に従事する活動(特定技能二号)であり、まさに外国人労働者のフロントドアを作ったものです。

ただその政治過程はもっぱら官邸主導で進められ、具体的な受入れ分野は労働市場の状況から判断されることになっていますが、介護業、ビルクリーニング業、素形材産業、産業機械製造業、電気・電子情報関連産業、建設業、造船・舶用工業、自動車整備業、航空業、宿泊業、農業、漁業、飲食料品製造業、外食業という一四業種は、法務省で法案が作成されるずっと前から業界と業所管官庁の間で決められているという状況でした。

とはいえ、特定技能という在留資格は、本来三〇年前に導入されているべきであった労働許可制を入管法上に設けたものと評価できるでしょう。技能実習生はフルに労働者性を認められているとはいえ、あくまでも特定の企業や農家で技能実習を受けることを前提にした制度であるため、同業他社に移ることが原則許されず、結果として異議申立てを抑止するものになってしまう危険性があるのに対し、特定技能は同業種である限り転職可能だからです。もっともそれゆえに使用者側からは不評であり、とりわけ最低賃金の低い地方の経営者からは(都会に逃げていかないように)最低賃金の見直しを求める声が上がっています。

四　ハイエンド外国人の虚実

1　ジョブ型「技人国」在留資格とメンバーシップ型正社員の矛盾

「技人国」はジョブ型の制度だが

以上は単純労働力ではないとしても、どちらかといえばローエンドの技能労働力としての外国人労働者の導入に係る政策でしたが、これとは対照的に、ハイエンドの外国人は積極的に受け入れるという政策がとられてきました。その中でも、普通のホワイトカラーサラリーマンの仕事に相当する在留資格が技術・人文知識・国際業務、いわゆる「技人国」です。入管法の別表では、「本邦の公私の機関との契約に基づいて行う理学、工学その他の自然科学の分野若しくは法律学、経済学、社会学その他の人文科学の分野に属する技術若しくは知識を要する業務又は外国の文化に基盤を有する思考若しくは感受性を必要とする業務に従事する活動」と、定義されています。要するに理科系と文科系の大学を卒業し、そこで学んだ知識を活用して技術系、事務系の仕事をする人々ということですから、ジョブ型社会における大卒ホワイトカラーを素直に描写すればこうなるという定義です。つまり、日本の入管法は他の多くの法律と同様に、欧米で常識のジョブ型の発想で作られているのです。

ジョブ型の常識で作られているということは、メンバーシップ型の常識は通用しないということです。法務省の「「技術・人文知識・国際業務」の在留資格の明確化等について」という文書には、「従事しようとする業務に必要な技術又は知識に係る科目を専攻していることが必要であり、そのためには、大学・専修学校において専攻した科目と従事しようとする業務が関連していることが必要」と書かれています。何という職業的レリバンスの重視でしょうか。これは、専門技術職は積極的に受け入れるけれども、単純労働力は受け入れないという原則を掲げている以上当然のことです。ところがそれが日本のメンバーシップ型社会の常識と真正面からぶつかってしまいます。今まで留学生の在留資格だった外国人が、日本の大卒者と同じように正社員として採用されて、同じように会社の命令でどこかに配属されて、同じように現場でまずは単純作業から働き始めたとしたら、それは「技人国」の在留資格に合わないのです。大卒で就職しても最初はみんな雑巾がけから始める、などというメンバーシップ型社会の常識は通用しないのです。

メンバーシップ型の常識に道を譲る

ところが、それでは日本企業が回らないという批判に、あっさりジョブ型制度が後退してしまいました。前述の二〇一八年一二月の入管法改正を受けて同月策定された「外国人材の受入れ・共生のための総合的対応策」では、留学生の就職率が三割強にとどまっていることから、大学を卒業する留学生が就職できる業種の幅を広げるために在留資格の見直しを行うとされ、翌二〇一九年五月の告示改正で、「日本語を用いた円滑な意思疎通を要する業務」という名目の下、飲食店、小売店等でのサービス業務や製造業務も特定活動として認めることとしたのです。同時に出されたガイドラインの具体的な活動例を見ると、飲食店で店舗管理業務や通訳を兼ねた接客業務、工場のラインで日本人の作業指示を他の外国人に伝達しつつ自らもライン業務、小売店で仕入れ、商品企画や通訳を兼ねた接客販売業務、ホテルや旅館で外国人客への通訳を兼ねたベルスタッフやドアマンとしての接客業務といったものが並んでいます。

ハイエンド労働者は入口からハイエンドの仕事をし、ローエンド労働者はずっとローエンドの仕事をするというジョブ型社会の常識が、ハイエンド(に将来なる予定の)労働者が入口ではローエンドの仕事をするという日本社会の常識に道を譲ったわけです。それは、もしその就職した留学生たちが全て本当にハイエンド労働者を予定しているのであれば、ジョブ型の制度趣旨に反するというだけで、否定されるべきではないのかもしれません。しかしながら、日本の外国人政策における留学生の位置付けを振り返ってみると、その点にもかなりの疑問符が付きそうです。

アルバイト留学生という単純労働力

実をいえば、日本の外国人労働政策にはもう一つローエンド用のサイドドアがありました。それは留学生の資格外活動（アルバイト）です。その人数は技能実習生に匹敵し、専門技術職や永住者より多いのです。

もともと留学生のアルバイトは原則禁止とされていましたが、一九八三年六月の閣議で留学生のアルバイト解禁が了承され、風俗営業や公序良俗に反するものでない限り、週二〇時間程度であれば資格外活動許可を得ることなく、自由にアルバイトをすることができるようになりました。さらに一九八九年入管法改正により、留学生には一律かつ包括的な資格外活動許可が与えられることとされました。包括的というのは、通達で定める許可基準内であれば一日四時間以内で自由に行うことができるという意味です。この基準は一九九八年に週二八時間以内にまで緩和されました。

こうして今や、アルバイト留学生は労働集約的な第三次産業の基盤を支える労働力になっています。コンビニやファストフード店で接客する労働者の大部分は、入管法上は留学生の資格外活動という位置付けなのです。日中に週二八時間働く留学生の本業は一体何なのかは、授業料収入の大部分を留学生に頼っている一部の大学の経営方針とも相まって、どうにも説明不可能な世界を作り出しているようです。

そしてそういうアルバイト留学生が、日本的メンバーシップ型雇用の装いの下で就職し、前記留学生時代のアルバイトとほとんど変わらないような仕事を今度は正社員という肩書きで遂行するというのが、今現在進みつつある事態なのかもしれません。

2 専門職はどこまで高度か

高度専門職の水増し

一方、近年世界的に高度専門職外国人の争奪戦が進行し、各国ともアメリカのグリーンカード制のような積極呼び込み策をとっています。日本も過去一〇年あまり、高度人材受入れ推進政策を進めてきました。

二〇一二年三月には、法務省告示(高度人材告示)により高度人材ポイント制が設けられました。在留資格は特定活動としつつ、学術研究活動、専門・技術活動、経営・管理活動の三分野について学歴、職歴、年齢、年収、研究実績などの項目ごとにポイントを設定し、合計七〇ポイント以上獲得した者を高度人材と認定し、各種優遇措置を付与するというものです。しかし、目論見に反して高度人材の数は増えませんでした。そこで法務省は二〇一三年一二月に要件を緩和し、日本語能力や日本の高等教育機関での学位取得のポイント配分を引き上げるとともに、最低年収基準を学術研究については撤廃し、専門・技術と経営・管理については全年齢一律に三〇〇万円に引き下げました。そろそろハイエンドであることに疑問符が付くレベルです。これが二〇一四年六月の入管法改正によりようやく高度専門職という在留資格になりました。「我が国の学術研究又は経済の発展に寄与することが見込まれる」第一号活動は在留期間が五年で、「我が国の利益に資する」第二号活動は上限がありません。

さらに二〇一六年六月の日本再興戦略二〇一六は、高度外国人材をさらに呼び込むため、高度外国人材の永住許可申請に要する在留期間を五年から大幅に短縮する世界最速級の「日本版高度外国人材グリーンカード」を創設すると打ち上げました。これを受けて二〇一七年四月から、七〇点以上の者は三年、八〇点以上の者は一年に短縮されました。これは事実上、初めから永住者としての在留資格を認めるのに等しく、一種の選別移民制度の導入と言ってよいでしょう。

ここまで基準が緩和された高度専門職は、一体どこまで本当に高度専門の名に値するものになっているのか、かなり疑わしい面があります。例えば、日本の大学を卒業して、日本語能力がそれなりにあり、一定の中小企業に五年勤続している二九歳の外国人は、年収三〇〇万円というレベルであっても高度人材として扱ってもらえます。しかし、この要件を満たす日本人労働者のことを、周りの日本人たちは高度人材とは呼ばないでしょう。外国人受入れ政策という枠組みの中で、高度人材の水増しが行われている気配があります。

介護は専門職だけど

専門職であることと技能労働であることが何の疑問もなく同居しているのが介護という職種です。これは外国人労働問題においてその矛盾が露呈していますが、日本におけるその経緯を振り返っておきましょう。

一九八七年五月に成立した社会福祉士及び介護福祉士法は、厚生省が介護労働力を医療労働力と同じような職業資格制の下に囲い込もうとした試みでした。しかし、法律上「専門的知識及び技術をもつて」と言いながら、資格取得に養成施設ルートの他に実務経験ルート(試験)が設けられています。これは、制定時に家政婦団体からの反対があったためですが、名称独占はあっても業務独占ではないため、別に介護福祉士でなくても介護業務はフルに行えることとなり、専門職としての位置付けが不安定なままでした。

二〇〇七年一二月に社会福祉士及び介護福祉士法が改正され、全ての者は一定の教育プロセスを経た後に国家試験を受験するという形で介護福祉士の資格取得方法が一元化されました。養成施設卒業者も国家試験を受験しなければならず、卒業者は当分准介護福祉士となります。一方、三年実務経験者も新たに六か月の養成課程を経て国家試験を受験できることとなります。しかしその施行は、介護人材の量的確保への懸念から二回にわたって延期され、ようやく二〇一七年度から五年間かけて漸進的に導入することとされました。

ところが一方、二〇一六年入管法改正で専門職としての介護の在留資格が設けられましたが、介護福祉士養成施設に入学する外国人留学生の合格率が日本人学生より相当に低いことから、喫緊の課題である介護人材の確保に対応するために経過措置を延長すべきという意見と、質の高い人材養成と介護福祉士の地位向上のため予定通り義務化すべきという意見の賛否両論がぶつかり、結局二〇二〇年六月の改正により、介護福祉士養成施設卒業者への国家試験義務付けに係る経過措置がさらに五年間延長されました。

介護は技能労働でもある

こうした流れと並行して、不足する介護労働力を確保するために外国人介護労働者の受入れ政策が拡大してきました。日・インドネシア経済連携協定（EPA）に基づき二〇〇八年度から、日・フィリピン経済連携協定に基づき二〇〇九年度から、日・ベトナム経済連携協定に基づく交換公文に基づき二〇一四年度から、年度ごとに外国人看護師・介護福祉士候補者の受入れを実施しています。これは建前上は「看護・介護分野の労働力不足への対応として行うものではなく、相手国からの強い要望に基づき交渉した結果、経済活動の連携の強化の観点から実施するもの」とされていますが、技能実習制度と同様、本気にする者はいません。

彼らは介護福祉士候補者として入国し、特定活動の在留資格で、介護施設で三年間就労するか又は養成施設で二年間就学し、介護福祉士国家試験を受けて資格を取得し、以後介護福祉士として就労するというものですが、前述の通り、養成施設卒業者への国家試験義務付けは延期され続けています。

一方、二〇一四年六月に閣議決定された日本再興戦略改訂二〇一四は、外国人技能実習制度の対象職種に介護分野を追加することと、介護福祉士資格等を取得した外国人留学生の卒業後の国内における就労を可能とする在留資格の拡充を打ち出しました。これを受けて二〇一六年一一月に技能実習法が制定され、技能実習制度の対象職種に介護職種が追加されました。また、これと同時に成立した改正入管法により介護という在留資格が追加されました。この場合、まず留学の在留資格で入国し、養成施設で二年以上就学して介護福祉士の資格を取得し(前述の通り現時点ではまだ国家試験受験は義務付けられていません)、そこで介護の在留資格にスイッチして、介護福祉士として就労することになります。

さらに、二〇一八年一二月の入管法改正により設けられた特定技能という新たな在留資格の具体的な受入れ分野として、介護業も定められています。

こうして現在では、定住者という就労に制限のない身分系在留資格を除けば、外国人介護労働力として四種類の仕組みが設けられていることになります。ＥＰＡと介護の在留資格は介護福祉士という専門職としての位置付けであり、技能実習と特定技能における介護は技能労働という位置付けです。そして、専門職であるはずの介護在留資格の現実との乖離が、国内法における介護福祉士の専門職としての位置付けを困難ならしめているというまことに複雑怪奇な関係です。

第6章　社員組合のパラドックス

一　企業別組合――労働組合だけど従業員代表

1　ジョブ型社会の労働組合と従業員代表

労働組合の原点はトレイド

労働組合のありようは、ジョブ型社会とメンバーシップ型社会の違いをくっきりと浮かび上がらせてくれる領域です。ジョブ型社会における労働組合とは、ジョブで団結し、ジョブの値段を上げるべく交渉する団体です。ただ、もう少し歴史的に詳しく見ていくと、いくつか付け加えるべきことがあります。

まず、本書のタイトルにもなっているジョブ（職務）というのは、二〇世紀の欧米労働社会の基軸となる概念ですが、その前の時代、すなわちイギリスで産業革命が始まり、大陸ヨーロッパやアメリカに広がっていった一九世紀には、むしろトレイド（職種）が中心でした。そもそも労働組合のことを英語でトレイド・ユニオンと言いますが、その語源がこのトレイドです。一九世紀のイギリスの労働組合の姿を鮮烈に描き出したのはシドニーとベアトリスのウェッブ夫妻ですが、彼らの著書（『産業民主制論』）によってそれを概観しておきましょう（濱口桂一郎・海老原嗣生『働き方改革の世界史』

（ちくま新書、二〇二〇年）の第一章と巻末の対談参照）。

まず、労働組合は資本家の圧制に耐えかねた貧窮のプロレタリアートが結成したというのは九割方ウソです。イギリス労働組合を代表する機械工組合（直訳すれば合同エンジニア協会）は、中世ギルドの伝統を受け継ぎ厳しい徒弟制度で資格を得た万能熟練職人たちの集まりで、資本家と集合取引（コレクティブ・バーゲニング）をしていました。この言葉は現在では団体交渉と訳されますが、当時の実態は集合取引といった方がよく伝わります。彼らはこれ以下の価格では仕事をしないぞという標準賃率を定め、資本家に押しつけます。個別取引では各個撃破されるので、組合員みんな揃って取引するわけです。それでも言うことを聞かない資本家がいれば、みんなそこでは仕事をしてやらないという形で対抗します。これがストライキです。熟練職人がいなければ回らない職場が多いのでかなり効き目があります、これに対抗して徒弟修業もしていない未熟練労働者をスト破りに使うことに対しては実力行使も頻繁でした。こうした労働組合をクラフト・ユニオンといい、組合員は労働貴族といわれました。彼らは熟練という財産を所有するプチ・ブルジョワジーだったと言ってもいいでしょう。

ジョブで団結し、交渉する労働組合

二〇世紀になると企業組織が確立してきて、それまで企業外に確立していたトレイドが、企業の構成要素たるジョブとして組み込まれていきます。典型はアメリカ自動車産業のライン労働者です。彼らが結成したのが(アメリカ自動車労組などの)二〇世紀型の産業別労働組合であり、彼らが作り上げたのがその名もジョブ・コントロール・ユニオニズムです。ジョブ・コントロールとは、ジョブディスクリプションにより明確に区別されたジョブごとに時間賃率を設定し、セニョリティ(先任権)によりレイオフ(一時解雇)を規制することです。後者は、勤続の短い順にレイオフし、その逆順で再雇用するというルールです。ここには会社側の介入を許しません。

トレイドとジョブは何が違うかというと、トレイドは職人たち自身が作り上げ維持している職域であるのに対し、ジョブは会社がその事業を区分けし、個人単位にまで分解したものだということです。この会社が作ったジョブを労働者の権利を守る根拠として再構築し、事細かなルールを団体交渉し、労働協約で定めて会社側に守らせるというのが、二〇世紀アメリカで完成した労働組合の在り方でした。ただそれは、労働組合は企業経営には一切口を出さず、職場のジョブに関わることだけに専念するという分業体制でもありました。

職場で協議する従業員代表機関

トレイドからジョブへという流れは欧米諸国で共通ですが、二〇世紀のヨーロッパ、とりわけドイツを中心とする大陸ヨーロッパ諸国では、アメリカでは全く育たなかったもう一つの集団的労使関係システムが発展していきました。それは、賃金や労働時間について団体交渉する産業別労働組合とは別に、企業や職場レベルに設けられる従業員代表機関です。第一次大戦中のドイツで労働者階級の支持を得るために設けられたのが嚆矢で、ワイマール時代の一九二〇年に事業所委員会（ベトリープスラート）が立法化されます。「ラート」とは議会という意味で、企業内の民主主義を選挙によって選ばれた従業員代表の参加によって実現しようとしたものと言えるでしょう。日本の就業規則に当たる事業所協定を使用者と共同決定するのに加えて、解雇について協議を受けるのがその役割です。

ナチス時代をくぐり抜け、戦後再建された事業所委員会は、今日まで産業別労働組合と並ぶ企業レベルの従業員代表機関として重要な役割を担い続けています。産業別労働組合は使用者団体との間で賃金や労働時間について時にはストライキも構えて団体交渉しますが、事業所委員会は企業内の様々な労働問題を（共同決定権という拒否権はありますが）ストライキのような争議行為なしに解決していくのが役割です。同様の仕組みはフランスの企業委員会（マクロン政権により「社会経済委員会」に統合）、ベルギーやオランダの企業協議会など、大陸ヨーロッパ諸国に広がっています。

片翼だけのアングロサクソン労使関係

しかし、イギリスでは第一次大戦後の時期にホイットレー委員会という形で試みられたことはありますが、今日まで職業別ないし産業別の労働組合が中心で、法定の従業員代表制は(EU指令に基づく例外的なものを除けば)存在しません。どうもアングロサクソン諸国では従業員代表機関というのは相性が悪いようですが、その典型がアメリカです。

アメリカの全国労働関係法(ワグナー法)は一九三五年、ローズベルト大統領時代にニュー・ディール政策の一環として制定された法律ですが、労働組合に対する経費援助を支配介入たる不当労働行為として禁止し、援助を受ける組合を会社組合として排除しています。賃金交渉の相手である労働組合に経費援助するのは御用組合を作ることだから問題だというのは分かりますが、これが拡大されて、経営者が従業員代表に経営参加してもらおうとすることが全て許されないということになってしまったのです。そのため、アメリカの集団的労使関係システムは、従業員代表制を否定した片翼だけの労使関係になってしまいました。

2 事業一家の覇者交替

産業報国会から企業別組合へ

さて、ようやく日本の話に入れます。戦前の日本ではワイマールドイツを見習って、労働組合法案や労働委員会法案(戦後の行政委員会ではなく、従業員代表制のこと)が提案されたこともありますが、実現に至りませんでした。そして戦時体制下、産業報国会という社長以下全従業員が参加する企業単位の組織が設けられました。これは戦争遂行のための組織ではありますが、多くの日本人にとっては労働者がまとまって組織された初めての経験だったのです。産業報国会を提唱した協調会(渋沢栄一が作った労使協調団体)は、かつて提唱したが実現しなかった労働委員会法案を別の形で作ろうとしたのかもしれません。

敗戦後、GHQの命令で産業報国会は解体され、労働組合の設立が強く慫慂されました。その結果、ほとんど存在しなかった労働組合が雨後の筍のように続々と結成され、瞬く間に組織率は過半数を超えました。ところがそれら新たな労働組合はほとんど全て、GHQが想定していたものとは似ても似つかぬ企業別組合であり、多くの場合戦時中の産業報国会から上層部を排除して作られたものでした。上層部といっても排除されたのは役員や部長クラスに限られ、課長クラスは当時みんな組合員だったのです。

階級闘争という名の社内奪権闘争

ところがこの頃の、最も経営層に近い管理職が入っていた時代の企業別組合が、戦後労働史において一番急進的な闘争を繰り返していたのです。それは生産管理闘争といい、企業経営者を排除して組合主導で工場や事業所などを自主的に運営するというものです。今では完全に死語になった言葉ですが、当時はストライキよりもはるかに多く行われていました。これは、ある観点からすれば労働者階級が資本家の手から生産手段を奪い取り、自らの力で生産活動を遂行する社会主義的行動と言えます。実際、占領下の日本政府は、これを資本主義的社会秩序に反するものとして厳しく対応しました。

ところが肝心の労働組合側は、(ごく一部の共産主義者を別にすれば)そんなつもりではなく、むしろ生産サボタージュしている情けない経営者に代わって、自分たち産業戦士が国民のために生産を再開するのだという意識であったようです。この頃の状況を労働法学者の沼田稲次郎は「事業一家の覇者交替」と呼んでいます(『現代の権利闘争』労働旬報社、一九六六年)。生産管理闘争とは、戦時中の産業報国意識の延長線上に、資本家よりも自分たち(管理職も含めたホワイトカラー、ブルーカラー全員を合わせた)従業員こそが経営の主体であるべきだという形で噴出したものだったと言えましょう。そういう会社の中の奪権闘争を、終戦直後の日本人は階級闘争だと思い込んでいたのです。正力松太郎社長の戦争責任を追及し、鈴木東民率いる読売新聞従業員組合が編集権を握った読売新聞争議がその典型です。

3　戦後日本社会の設計図

生産管理闘争から生産性向上運動へ

従って、終戦直後に急進的な生産管理闘争に向かった意識は、経営者を仲間だと認識すると今度は一九五〇年代以降の生産性向上運動に向かっていきます。生産性向上運動自体は戦後アメリカ主導で西側諸国に広がっていったものですが、労働組合がその一角を占めるようになった点が日本の特徴です。というよりも、戦後日本の企業別組合とは、労働組合法というジョブ型を前提に作られた法律の規定上は、もっぱら労働条件について団体交渉をするための組織ですが、その実態はそれ以上に企業の生産活動に参加するための従業員代表機関という性格が強かったと言えます。これは戦後日本社会における企業というものが、商法の想定する資本の結合体というよりも、生産活動に向けた経営者と労働者の人的結合体と意識されるようになったことの反映でもあります。

企業民主化試案

そういう戦後企業のありようを、終戦直後の時期にモデル的に提示していたのが、経済同友会が一九四七年に出した『企業民主化試案』(同友社)です。これは、企業を経営・労働・資本の三者によって構成される協同体とし、生産活動の成果である企業利潤も経・労・資の三者に配分されるべきと唱えます。労働組合の経営参加の手段たる経営協議会に株主代表も入れて企業総会とし、経・労・資の三者から構成される企業の最高意思決定機関たらしめます。三者構成の企業総会が企業の最高意思決定機関になるということは、これまでその地位にあった株主総会が降格し、企業総会の下部機関として企業総会への株主代表と監査役を選任し、その報告を聞くというだけの役割に縮減されるということです。

一方、企業総会への労働者代表を選任する労働者総会が創設されるのですが、これと労働組合との関係は難問です。試案の執筆者である大塚万丈は、「在来の労働組合が企業経営の外側に立つて労働者の利益を擁護するといふ建前のものであつたに対し、新企業体制においては、企業経営の内部に入つてその効率を高めることによつてその利益を増進するといふ積極的のものとなる」と述べ、これを「労働組合の進歩」と呼びます。労働組合の進歩！　確かに、企業の外部に追いやられている状態を是正すべき姿と捉え、その内部化、企業を構成する主体となることをより望ましい姿と捉えるならば、それは間違いなく進歩と言いうるでしょう。しかし、労働者は本来企業の外部に立ってその労働力を売る存在であると考えるなら、それは進歩どころか退歩と言わなければならないでしょう。それは、とりわけストライキという労働力の集団的売り止めをどう評価するかという点に露呈します。大塚は言います。「しからば罷業権はどうなるか？……企業総会の決定に対して労働側が罷業を以てこれに対抗するといふことに関しては、原則的に疑義ありとする見解が尠くなかつた。蓋し企業総会の決定には労働の意思が織り込まれてをり、即ち労働が自らこの決定を行つたものであるから、決定者自ら自己の決定を覆へすためには罷業権を行使するといふことは、民主主義の原則に違背するとなすのである」。

この『企業民主化試案』は本としてはすぐに忘れられましたが、そこに書かれた思想は戦後日本社会の根本思想となりました。日本国の法制度自体は前述したように、会社とはそのメンバーである株主の所有物であり、経営者とは株主の代理人として利潤の最大化に挺身すべきものであり、労働者とは会社の外部の第三者であって、雇用契約によって労働を提供し報酬を受け取る債権債務関係にあるに過ぎません。しかし、世の中の圧倒的に多くの人々が、そういう実定法の建前を全く認識せず、労働者こそが会社のメンバーであり、株主こそ会社にとって外部の第三者だと思い込んでいるのは、『企業民主化試案』のイデオロギーが全ての日本人の頭の中を支配するミーム(文化的遺伝子)となったからです。

労働組合は企業のインサイダー

会社法上は戦後一貫して株主総会こそが会社の最高意思決定機関でしたが、現実の日本社会においては、株主総会というのは余計な文句を言わせずにしゃんしゃんで済ませるべきものであり、そのためには総会屋という私的暴力装置を使ってうるさい株主を黙らせることが暗黙の規範となっていました。一方で、何ら法律上の根拠規定のないまま、労働者は企業における主体としての地位を占めるに至ります。株主には常に保障される基本配当などない一方で、労働者には利潤分配的性格のボーナスが拡大していきます。こういう姿を見て、一九八七年に経営学者の伊丹敬之が唱えたのが「人本主義企業」という概念でしたが、そのミームは実は終戦直後の大塚万丈に淵源していたのです。

そして、そこに書かれた労働組合の位置付けが、大塚構想に近い形で企業のインサイダーになってしまった日本の企業別組合の置かれた苦衷を予言するものになっていることも見逃せません。現実の企業が資本家の支配するものであり、労働者の利益を重視しないものである限り、猛烈な闘争を繰り広げていた労働組合も、その企業が株主なんかよりも労働者の利益を重視するようになると、振り上げた拳の落としどころを失います。そう、試案の「よくよくの場合でない限り、罷業権の行使迄には至らないであらう」とはその後の日本社会の姿そのものであり、憲法や労働組合法に労働争議の権利が明記されていても、それは「罷業権を認むるといふことも一応最後の安全弁を残して置くといふ趣旨のものに過ぎない」ものとなっているのです。

ここまで見てくると、『企業民主化試案』こそ戦後日本社会の設計図であったと言えるのではないでしょうか。

4　労働争議の蔓延と絶滅

労働争議が家族争議になる日本

とはいえ、そういう調和的な姿だけが企業別組合の見せる顔ではありません。終戦直後に見せた経営と対決的なスタンスが、労働争議という形で噴出することも少なくありませんでした。いや、高度成長期までの日本は世界的に見ても労働争議の多い国だったのです。ただし、その争議の実相は、ジョブ型社会の常識とはかけ離れたものでした。その様相を冷徹に分析しているのが、中央労働委員会の会長を務めた藤林敬三の『労使関係と労使協議制』(ダイヤモンド社、一九六三年)です。

日本の企業別組合は、労働条件について団体交渉をするための組織という性格と、企業の生産活動に参加するための従業員代表機関という性格が密接不可分にくっついています。敢えていえば癒着しています。そのため、組合幹部が前者の行動に組合員を動員しようとすると、組合員を企業意識から引き離して経営者に対する敵愾心を高めるために、必要以上に強硬な姿勢をとり、「死ぬまで闘うぞ！」てなことを叫ぶわけです。日本の企業別組合が妙に政治的なスローガンを並べ立てたがるのも、そうやって非日常性を演出し、しらふでは言いにくい強気な台詞を経営者相手にまくし立てるための小道具だったのでしょう。そうやって、左翼風の演出で自分を鼓舞しながら大幅賃上げを勝ちとっている分にはいいのですが、やり過ぎると肝心の組合員が引いていき、協調的な第二組合が結成されて、あっという間にオセロゲームよろしく衆寡逆転してしまいます。

戦後労働運動史は急進的な運動の極致に第二組合が作られるというストーリーであふれています。

それらの叙述の圧倒的大部分は、第二組合を立ち上げた反革命的右派への激しい呪詛に満ちた左派の歴史家によるものか、労働運動の原則を忘れた革命的左派を批判する右派の歴史家によるものですが、そのいずれも企業の現場で起こっていた事態を正確に描き出すものではありませんでした。藤林はこれを、従業員としての里心が生み出したものだと冷静に分析しています。

さらに藤林は日本独特の労働争議の匂いを家族争議になぞらえます。「われわれ日本人の人間的な関係からいうと、縁の近い者がもし互いに争うような場合には、他人同士が争う以上に激しい争いを起こす。これはよく日常生活の中にみられるところである。嫁と姑、あるいは親子兄弟等の関係において、もしひとたび争いが生ずれば、その結果はいわば血で血を洗うような争いが発生する。もしこれが他人同士の関係のなかならば、その争いはときに非常に激越なものがありえても、そう長続きし、本当に心から怨恨の情を示さなければならないようなことにはたちいらないだろうと思われる。この意味においては、ここに指摘するような過去の各種の争議は、ともにいかにも日本人的な労働争議であると考えられる」と。

労働争議の絶滅と個別労働紛争

藤林が中央労働委員会会長としてその解決に心を砕いた労働争議は、現代日本ではほぼ絶滅危惧種となっています。二〇二〇年度にはストライキのような争議行為を伴う労働争議はわずか五七件でした。日本は世界的に見ても異様なほど争議レスな社会になっているのです。これは大変皮肉な事態です。

かつて、政治闘争にばかりかまけて労働組合の本来の課題である労働条件の維持改善をないがしろにするのはけしからんという、それ自体はまっとうな批判に基づいて労働組合主義が主張されました。しかし、労働組合と従業員代表が癒着した企業別組合にその正論をそのまま適用した結果、それは欧米のトレイド・ユニオニズムとは逆に、企業別組合を限りなく従業員関係に埋没させる方向に働いてきてしまったようです。半世紀前に盛んであった家族争議がほぼ姿を消してしまった今日、経済の好循環と称して賃金引上げを叫ぶのは、労働組合の支持を受けることのない保守党政権くらいのものになってしまいました。

こうした集団的労使関係の極限的な収縮の一方で、個別労使紛争は極めて多数に上っています。実は労働争議と称するもののうち、その実質は個別労使紛争であるものが大部分を占めるに至っているのです。二〇二〇年度に全国の労働委員会で受け付けた争議調整件数は二二九件ですが、そのうち企業外部の合同労組の事案が一六六件、駆け込み訴えが九三件です。駆け込み訴えとは、解雇や雇止めに遭ってから外部のコミュニティ・ユニオンに駆け込み、そこで初めて組合員になり、労働組合として元の会社に対して交渉を要求するというもので、形式的には労働組合が絡んでいるので集団的労使紛争ですが、その実態は限りなくその労働者個人に係る紛争です。

そして、そういう個別紛争を専門に引き受けている都道府県労働局に対して、解雇や雇止め、ハラスメントなどの民事上の相談件数が二〇二〇年度に約二八万件、そのうち労働局長の助言指導が約九千件、あっせん申請が約四千件という状況です。もちろん、労働局の窓口にすら来ない純粋泣き寝入り案件の方が多いのでしょうが、そこまで来ても解決する事件の方が少ないことは、解雇のところでお話しした通りです。

ネガフィルムとしてのコミュニティ・ユニオン

さて、ここでコミュニティ・ユニオンという言葉が出てきました。これは優れて日本独特の存在です。それは企業別組合の正反対で、企業内部に恒常的に組合員や組合支部を持たない純粋企業外組合なのです。欧米の職業別組合や産業別組合は、あくまでも企業単位の組織ではないというだけであって、企業の中で働く労働者が企業を超えて団結し結成した組織であり、通常企業の中に組合支部や分会を持っています。半世紀以上昔に当時の総評が中小企業の組織化のために作った古典的な合同労組にはまだその性格がありましたが、現在のコミュニティ・ユニオンになると、完全に企業外部で個別労使紛争のために組合という名の傘を差し掛けるサービスを提供する一種の労働NGO的な存在となっています。

そのビジネスモデルは、例えば組合のない企業で解雇された労働者が、街角のコミュニティ・ユニオンに駆け込んで組合員となり、組合の名において団体交渉を要求すると、労働組合法によってこれを拒否することができないので、一定の解決に結びつくというものです。従って非常に多くの場合、その労働者は自分の事件が解決するとユニオンを脱退することになります。

このような存在が可能になったのは、後述の一九四九年労働組合法改正で、アメリカのワグナー法に倣って排他的交渉代表制を前提に団体交渉拒否を不当労働行為として位置付けようとしたにもかかわらず、肝心の排他的交渉代表制が実現しなかったからです。アメリカ法では選挙によって排他的交渉代表に選ばれた労働組合だけが団体交渉権を有し、そういう排他的交渉代表組合からの団交申入れを拒否することが不当労働行為になります。これに対し一九四九年改正後の日本では、いかなる少数組合であっても等しく団体交渉権を有し、その団交申入れを拒否すると不当労働行為になるという世界に類を見ない制度が実現したのです。

とはいえ長らく、これはまだ同じ企業別組合同士の対立で多数組合と少数組合に分かれている場合の話でした。それが企業内の少数組合だけではなく、企業外の合同労組によって利用されるようになり、遂に今のように個別労使紛争解決請負人的なコミュニティ・ユニオンの武器としてフルに活用されるに至ったわけです。法改正の意図からはかけ離れた帰結ではありますが、それが企業別組合からこぼれ落ちた労働者にとっての救済手段に転用されているという事態の中に、歴史の皮肉が透けて見えます。

いずれにしても、事実上職業別組合も産業別組合もない中で、圧倒的多数の企業別組合と、そのネガフィルムのようなコミュニティ・ユニオンのみが存在するという日本の姿は、世界的にみると極めて異例なものなのです。

二　従業員代表制は転機になるか？

1　企業別組合から排除された人々

労働者の大部分は団結とも参加とも無縁

さて、ここまでの話は企業別組合が存在する企業の（多くの場合正社員に限られた）話です。というのも、ヨーロッパ諸国のように自発的結社としての産業別労働組合とは別に公的な従業員代表組織が義務付けられているならば、わざわざ労働組合に加入しない労働者も定期的に従業員代表の選挙に参加し、それを通じて企業レベルの労使協議に関わることができるからです。

ところが日本ではこの両者が企業別組合に一体化しています。それがもたらす行動様式の問題は前述しましたが、実は最大の問題はどこにあるかというと、労働者が自発的に企業別組合を結成しない限り、従業員代表機能を有する組織は存在しなくなってしまうということです。もちろん、会社主導で従業員会みたいなものを作らせることはあるかもしれませんが、それはヨーロッパ諸国の従業員代表組織のように法律で保護されているわけではありません。まして、ドイツの事業所委員会のように、企業内の様々なことについて共同決定権を有しているわけでもないのです。

その結果、日本の労働者の大部分は、労働組合という団結体を通じて賃金や労働条件を交渉するメカニズムを有していないのみならず、従業員代表組織を通じて企業内の意思決定に関与する仕組みからも排除されていることになります。その一例が解雇への関与です。既に詳しく述べたように、判例だけ見ているとあたかも日本は解雇がしにくい国であるかのように見えますが、大部分の中小零細企業は「貴様ぁ解雇」でいっぱいであり、その多くは泣き寝入りしているのが実態です。その境界線は多くの場合、企業別組合が組織されている大企業とそうでない中小零細企業の間に引かれます。

ドイツの場合、産業別労働組合は企業内のもめ事にいちいち口を出しません。その代わり、法律に基づいて設置されている事業所委員会が従業員の解雇について意見を求められ、この義務違反の解雇は無効となる上、理由に疑問のある解雇には事業所委員会が異議申立てをすることができます。その場合、解雇された労働者が訴えを提起すると、訴訟が終わるまで雇用が継続し、しかも裁判では事業所委員会が異議申立てをしたことが解雇の不当性の証拠とされるのです。

日本の企業別組合にとって組合員の解雇は大問題であり、それがよほどのことがない限り組合のある大企業が正社員を解雇できない理由でもあります。ところが企業別組合がないということはドイツの事業所委員会の役割を果たす存在がないということなので、使用者にとっては解雇のやり放題という状況になるのです。日本の労働者は、団結も参加もある大企業正社員の少数派と、団結も参加もないそれ以外の多数派からなっているというのが、過不足のない正確な描像だと言っていいでしょう。

非正規労働問題の解法は集団的労使関係にあり?

これは、組合のない中小零細企業だけの問題ではありません。立派な企業別組合が存在する大企業であっても、非正規労働者には企業別組合員になる資格を認めていないところが極めて多いのです。そうでないのはUAゼンセンなどごく一部の組合だけであって、重厚長大型の製造業大企業では依然として非正規労働者を組合から排除しています。

このことが、第3章二で見た非正規労働者の均等・均衡処遇の問題に難題を与えます。賃金など労働条件の問題は、何よりもまず労働組合との交渉によって、すなわち労使自治によって解決を図るべきというのが近代的労使関係の第一義的な戒律なのですが、一方の正社員のみが企業別組合の組合員であり、他方の非正規労働者はそこから排除されているという状況下において、一体どこといかなる交渉をすれば公正な解決になるのか、という問題です。

そこで、企業別組合が正社員組合のままで頼りにならないのであれば、それに代わって西欧諸国のような従業員代表制を構築し、これによって非正規労働者の声を汲み上げ、均等・均衡処遇の実現につなげていこうというアイディアが提起されるに至ります。その中にはいくつかの政府関係の研究会の報告書も含まれます。

実を結ばない従業員代表制の提起

例えば、厚生労働省の非正規雇用のビジョンに関する懇談会が二〇一二年三月にとりまとめた報告書は、職務の内容や責任の度合等に応じた公正な処遇を求めた上で、「労働契約の締結等に当たって、個々の企業で、労働者と使用者が、自主的な交渉の下で、対等の立場での合意に基づき、それぞれの実情を踏まえて適切に労働条件を決定できるよう、集団的労使関係システムが企業内のすべての労働者に効果的に機能する仕組みの整備が必要である」と述べた上で、「集団的労使関係システムにおける労働者の代表として、ここでは、労働組合のほか、民主的に選出された従業員代表等を想定している」と注釈されています。ここには、集団的労使関係システムを通じた非正規労働問題の解決という道筋が垣間見えているとも言えます。

この問題意識は、二〇一一年九月の今後のパートタイム労働対策に関する研究会報告書でも、待遇に関する納得性の向上に関わって「このため、ドイツの事業所委員会やフランスの従業員代表制度を参考に、事業主、通常の労働者及びパートタイム労働者を構成員とし、パートタイム労働者の待遇等について協議することを目的とする労使委員会を設置することが適当ではないかとの考え方がある」と、かなり積極的姿勢に踏み込んでいます。もっとも、その直後に「ただし、日本では、一般的には労使委員会の枠組みは構築されていないことから、パートタイム労働者についてのみ同制度を構築することに関して検討が必要となろう」と逡巡の跡も見えます。

ちなみに、私は二〇〇九年の前著『新しい労働社会』の中で「非正規労働者も含めた企業レベルの労働者組織の必要性」を述べていました。こうした状況を踏まえてＪＩＬＰＴは二〇一三年七月に「様々な雇用形態にある者を含む労働者全体の意見集約のための集団的労使関係法制に関する研究会報告書」を公表し、新たな従業員代表制の整備を提言しましたが、残念ながら現在までのところ具体的な政策につながっていません。

二〇一八年六月の働き方改革関連法による「日本版」という形容詞付きの同一労働同一賃金についても、議論の途中では集団的労使関係システムの活用が何回も提起されたのですが、結局最終的には派遣労働者についてのみ派遣元の労使協定方式による適用除外が設けられただけで、非正規労働者を含めた従業員代表制というアイディアが実を結ぶことはありませんでした。

管理職は使用者の利益代表者か？

もう一つ労働組合から排除されている労働者が管理職です。労働時間の適用除外のところで出てきた管理職がここにも登場しました。そして、労働時間のところで述べた話とほとんど同じことがこちらにも言えます。圧倒的大部分の日本人にとって管理職とは年功昇進によって得られるべき身分ですが、それと労働組合員になれるかなれないかとは本来ほとんど関係がないのです。

労働組合法上、労働組合に入れない管理職は使用者の利益代表者と呼ばれています。法律上の言い方では「役員、雇入解雇昇進又は異動に関して直接の権限を持つ監督的地位にある労働者、使用者の労働関係についての計画と方針とに関する機密の事項に接し、そのためにその職務上の義務と責任とが当該労働組合の組合員としての誠意と責任とに直接にてい触する監督的地位にある労働者その他使用者の利益を代表する者」ということになります。これを素直に読めば、部下を管理しつつもそれ以上に上司から管理されている普通の課長がこれに当たるとは思えませんが、こちらも労働時間と同様、課長クラスになると「おめでとう」という祝福とともにめでたく組合から卒業して非組《ひくみ》になるというのが慣習となっています。

管理職ユニオンという不思議な存在

組合員でなくなるということは、その雇用維持に組合が取り組んでくれなくなるということを意味します。そして、本書で繰り返し述べたように、「能力」が上昇し続けていることになっているけれども実際はその高給に比べて会社への貢献が乏しいと目される中高年労働者に対して、会社側は決して優しくありません。とりわけ景気後退期になると、追い出しにかかることがあることは既に見た通りです。

そういう状況に対応して管理職ユニオンという摩訶不思議な存在が登場してきます。企業別組合であれば使用者の利益代表者として組合員資格を奪われる労働者が、企業外部のコミュニティ・ユニオンに個人として加入するのであれば、別の他の組合員との関係で会社側に立つわけでもないので組合員になれるというややアクロバティックな論理ですが、その実相は前述のように労働者の個別労使紛争の解決手段としての労働NGOであり、まさにそういう機能を果たしているわけです。ただ、そもそも論でいえば、ユニオンに駆け込まなくてはならないような管理職というのは、実は世界共通の職種としての管理職ではなく、日本的な年功処遇でなれた地位としての管理職なので、本当に使用者の利益を他の労働者たちに対して代表するような大層な存在ではないはずです。

2　一九四九年改正の隠れた意図

管理職を組合から引き離す

ただ、実はこれはあらかじめ意図されたことでもありました。前述したように終戦直後続々と結成された企業別組合の大部分は、課長クラス、場合によっては部長クラスまで組合員に含めていました。だからこそ生産管理闘争も行えたわけですし、その勢いは経営側を圧倒していました。

これを何とかしたいというのが、一九四九年労働組合法改正の隠れた意図でした。「隠れた」というのは、法改正の建前としては、アメリカのワグナー法の仕組みをほぼそのまま日本に導入しようとするものであり、排他的交渉代表制を伴う不当労働行為制度を確立して、その一環として組合に対する支配介入を不当労働行為として位置付けようとするものだったからです。アメリカ的発想からすれば、管理職が組合に加入していることも、会社が組合に経費援助していることも、会社組合であることの典型的な徴表であって、あるべき労働組合の姿とは正反対ということになります。

当時の日本政府(とその背後にいたGHQ)は、このアメリカ的正義を振りかざして、管理職が牛耳り、会社から経費援助を受けている御用組合的状態を是正させるのだ、と主張したわけです。ところが当時の実態はむしろ、管理職が軒並み組合に入っているために経営側が追い詰められ、組合の費用を会社側が無理矢理負担させられている状況でした。労働組合の自主性確保という大義名分を掲げて、その実は管理職を組合から引き離して会社側に引き入れ、組合とのパワーバランスを確保しようというのが、その目的だったわけです。

結果的に排他的交渉代表制は実現しませんでしたが、支配介入は不当労働行為として位置付けられ、また管理職が参加したり経費援助を受ける労働組合は資格審査で失格となり、不当労働行為の保護を受けられないということになったため、組合側の抵抗もありましたが、課長クラス以上は組合を卒業して非組《ひくみ》になるというのが一般的な慣習となりました。

客観的に振り返ってみれば、そもそも職種として管理監督する側の者と管理監督される側の者が明確に分かれている社会であれば、その社会的に実在する境界線に沿って法律上の扱いを変えることは何ら不思議ではありません。しかし、会社の中の上から下まで「社員」が連続的なスペクトラムをなし、管理する度合と管理される度合が少しずつ異なるだけという日本的組織においては、どこに線を引こうが必ず矛盾が生ずることになるのでしょう。その矛盾の現れが管理職ユニオンだったというわけです。

経費援助のパラドックス

一九四九年改正がもたらしたもう一つの大きな変化は、産業報国会を受け継ぐ従業員団としての性格を濃厚に持ち、それゆえに当然のような顔をして会社に経費を負担させていた企業別組合が、少なくとも建前上はアメリカ風の労働組合よろしく全て自分たちの組合員が払った組合費で賄わなければならなくなったことです。法律上は「労働者が労働時間中に時間又は賃金を失うことなく使用者と協議し、又は交渉することを使用者が許すことを妨げるものではなく、且つ、厚生資金又は経済上の不幸若しくは災厄を防止し、若しくは救済するための支出に実際に用いられる福利その他の基金に対する使用者の寄附及び最小限の広さの事務所の供与を除く」と、最小限の例外が例示されていますが、実際にはもっと多くの便宜供与がされていました。とはいえ、それはもはや終戦直後のように堂々と偉そうにやれることではなく、法の建前に反してヤミでやらなければならないものになってしまったのです。

しかし改めて、特殊アメリカ的枠組みを超えてヨーロッパ諸国の在り方を踏まえて考えてみると、自発的結社としての産業別労働組合は組合費だけで賄われますが、企業内に義務的に設置される従業員代表組織の費用はその企業が負担するのが当然です。そして、前述のように日本の企業別組合とはこの両者が一体化した存在であり、団体交渉も労使協議もあまり切れ目なく行われているのが普通ですから、その点に着目すれば、本来会社側が負担すべき従業員代表機能まで組合費で負担させられていると言うことすらできます。そこを本来の姿に近づけようとするとヤミと言われるわけですから、なかなかしんどいものがあります。

この問題意識と、前述の非正規労働問題の解決策としての従業員代表制導入論とを組み合わせると、現在の企業別組合は欧米の産業別組合と同様に賃金等労働条件についての団体交渉機能に特化し、これとは別に企業内の諸問題の解決のための従業員代表組織を設けるというのが、少なくとも理論上は最も明快ですっきりする解決策ということになります。とはいえ、理屈の上ではすっきりする解決策が事態を悪化させ、場合によっては壊滅的影響を与えることもあります。企業別組合の機能分離論はその典型となる可能性が高いのです。

なぜなら、企業別組合が現実に行っている仕事の大部分は従業員代表としての仕事だからです。とりわけ、景気が低迷し、ベアゼロが続いた過去数十年間、団体交渉機能は限りなく希薄化し、もっぱら従業員代表組織としてのみ活動する企業別組合が大部分となってきました。そういうところに、企業別組合とは別に従業員代表組織を作るとなったら何が起こるでしょうか。毎月数千円の組合費を（給料からの天引きで）取られて得られるサービスと、会社負担で得られるサービスの中身がほとんど変わらないとしたら、馬鹿馬鹿しくなって誰も組合費なんか払わなくなってしまうのではないでしょうか。

3　企業別組合と従業員代表制の複雑な関係

連合の労働者代表法案

連合が二〇〇一年に公表した労働者代表法案要綱は、過半数組合のない場合に限って労働者代表委員会を設置しなければならないとしています。一方で、団結も参加もない未組織労働者に公的な集団的労使関係の枠組みを広げようとしながらも、それが既存の企業別組合とバッティングしないような制度設計にしているのです。ただそれでも、未組織の企業に先に組合費の要らない労働者代表委員会が設置されてしまえば、そこを組織化して新たな企業別組合を結成しようという意欲が大幅に削がれてしまうのは確かです。

この企業別組合と従業員代表制の関係をめぐっては、労働法学者からも様々な意見が出されていますが、突き詰めると両者の機能が大幅にダブっているという問題に帰着します。これはなかなか解きほぐしにくい難題です。理屈の上では一番すっきりする企業別組合の機能分離論が事態を悪化させる可能性が高いからです。ですから、ここで提示する私の解決策も、全然すっきりしないものですが、むしろ無理にすっきりさせないことが大事です。

ベースになるのは、前記連合案です。過半数組合のない企業には法律で労働者代表委員会の設置義務を課し、その費用はもちろん会社が負担します。これにより、多くの中小零細企業の労働者にも従業員代表機能が広がります。問題は過半数組合がある場合をどうするかです。連合案では、「過半数組合が成立した場合は労働者代表委員会は解散する」としていますが、実際にはほとんど同じことをやるのに、全部組合費で賄うという方向に向かうでしょうか。いや、ほとんど同じではない、従業員代表組織にはできない機能がある、それが団体交渉だ、と言いたいところです。その通りなのですが、それを費用の面でも明確化できないだろうかと考えたのが、『働き方改革の世界史』巻末の海老原さんとの対談でちらりと語った、企業別組合の内部的機能分離論です。

企業別組合の内部的機能分離論

具体的には、過半数組合を組合機能部と従業員代表機能部に分け、人的にも経理的にもきちんと区分します。前者は組合費で賄い、組合員のために団体交渉をします。後者は企業が負担し、全従業員のために労使協議をするという仕組みです。そこから、労働条件について団体交渉するという組合機能に純化した前者は、企業内の事情に過度にとらわれることなく、外部の産業別連絡機関とのつながりを強め、企業を超えた連帯を高めていくことができるかもしれません。もちろん、これがどの程度実現可能性があるのかについては、提唱している私自身極めて重大な疑念を抱いてはいるのですが。

ただ、この議論のもう一つの狙いは、既に企業別組合が組織されていても非正規労働者がそこから排除されているという問題に対する一定の解決策になりうるのではないかという点にあります。全従業員を代表する労働者代表委員会を設置しなくてもいい要件である過半数組合とは、いかなるものであるべきか、いかなるものであってはならないか、という問題です。連合案ではそこは不分明で、多数を占める正社員のみによる過半数組合が、少数派の非正規労働者の利益を無視して正社員のみの利益を図ったとしても何ら問題はないことになります。それでは、話が元に戻って、やはり既存の組合とは別に公的な従業員代表制を義務付けるべしということになってしまいます。

そこで、労働組合一般はあくまで組合員による自発的な結社であるとしても、労働者代表委員会の設置義務を免除される要件である過半数組合とは、一定の公的な性格を有し、組合費を払わず組合員にならない従業員の利益をも等しく代表しなければならないと位置付けるのです。アメリカの労使関係法では、排他的交渉代表制をとっているため、組合員以外の労働者の利益をも公正に代表すべき義務がありますが、いわばこの公正代表義務が過半数組合には課せられるということになります。

既に現実問題の公正代表義務

これは実は仮想的な話ではなく、既に日本の実定法上でも起こっている問題です。日本の労働法上、過半数組合又は過半数代表者に一定の役割を与えている規定は多くありますが、三六協定は時間外・休日労働が可能になるということですし、就業規則は意見を聞くだけなので、公正代表義務はあまり問題になってきませんでした。ところが、二〇〇四年六月の高年齢者雇用安定法の改正により導入された六五歳までの継続雇用義務には、過半数組合又は過半数代表者との労使協定によりその対象者を限定できるという条項がくっついていたのです。日本企業の人事管理の下では、六〇歳定年に達するときには労働組合を卒業して非組《ひくみ》になっていることが普通です。組合員でない人々の雇用がさらに維持されるかそこで終わるかを決める権限を、過半数組合はいきなり持たされてしまったのです。これは過半数組合の公正代表義務を論じるためにいい機会だったのですが、二〇一二年八月の改正によりこの対象者限定条項が削除されたおかげで、議論しなくてもよくなってしまいました。

ところが前述のように二〇二〇年三月の改正で七〇歳までの就業継続が努力義務となった際、再び過半数組合又は過半数代表者との労使協定で対象者を限定できるという条項が復活したのです。努力義務の例外というやや切実さに欠けるものではありますが、過半数組合の公正代表義務を論じる素材としてもう一度取り上げられていいのではないでしょうか。

参考書

本書では、現在論点となっている問題を分析する上で、歴史的な視点と諸外国との比較の視点を随所で用いましたが、それぞれについて詳しく知りたい方は次の著書を参照していただければと思います。

濱口桂一郎『日本の労働法政策』労働政策研究・研修機構（二〇一八年）

濱口桂一郎『団結と参加――労使関係法政策の近現代史』同（二〇二一年）

本書の素材となった諸論文は、原則として全て私のホームページ（http://hamachan.on.coocan.jp/）に収録してあります。各項目について、本書では軽く触れるだけにとどめた歴史的な経緯や諸外国の状況を詳しく説明していますので、いわばエグゼクティブサマリーに対する詳細版としてお読みいただくことができるでしょう。

また、私のブログ（http://eulabourlaw.cocolog-nifty.com/）では、随時様々な問題を捉えて評論を試みていますので、気が向けば覗いてみてください。労働関係では最も中身の濃いブログの一つだと自負しています。

濱口桂一郎

1958年大阪府生まれ．1983年東京大学法学部卒業．同年労働省に入省．東京大学客員教授，政策研究大学院大学教授を経て，2017年4月より，労働政策研究・研修機構労働政策研究所長．
専門―労働法，社会政策
著作―『新しい労働社会――雇用システムの再構築へ』(岩波新書，2009年)，『日本の雇用終了――労働局あっせん事例から』(労働政策研究・研修機構，2012年)，『若者と労働――「入社」の仕組みから解きほぐす』(中公新書ラクレ，2013年)，『日本の雇用と中高年』(ちくま新書，2014年)，『働く女子の運命』(文春新書，2015年)，『働き方改革の世界史』(共著，ちくま新書，2020年)等多数．

ジョブ型雇用社会とは何か
―正社員体制の矛盾と転機　岩波新書(新赤版)1894

2021年9月17日　第1刷発行
2022年3月15日　第6刷発行

著者　濱口桂一郎《はまぐちけいいちろう》

発行者　坂本政謙

発行所　株式会社 岩波書店
〒101-8002 東京都千代田区一ツ橋2-5-5
案内 03-5210-4000　営業部 03-5210-4111
https://www.iwanami.co.jp/

新書編集部 03-5210-4054
https://www.iwanami.co.jp/sin/

印刷・精興社　カバー・半七印刷　製本・中永製本

ISBN 978-4-00-431894-1　Printed in Japan

岩波新書新赤版一〇〇〇点に際して

ひとつの時代が終わったと言われて久しい。だが、その先にいかなる時代を展望するのか、私たちはその輪郭すら描きえていない。二〇世紀から持ち越した課題の多くは、未だ解決の緒を見つけることのできないままであり、二一世紀が新たに招きよせた問題も少なくない。グローバル資本主義の浸透、憎悪の連鎖、暴力の応酬――世界は混沌として深い不安の只中にある。

現代社会においては変化が常態となり、速さと新しさに絶対的な価値が与えられた。消費社会の深化と情報技術の革命は、種々の境界を無くし、人々の生活やコミュニケーションの様式を根底から変容させてきた。ライフスタイルは多様化し、一面では個人の生き方をそれぞれが選びとる時代が始まっている。同時に、新たな格差が生まれ、様々な次元での亀裂や分断が深まっている。社会や歴史に対する意識が揺らぎ、普遍的な理念に対する根本的な懐疑や、現実を変えることへの無力感がひそかに根を張りつつある。そして生きることに誰もが困難を覚える時代が到来している。

しかし、日常生活のそれぞれの場で、自由と民主主義を獲得し実践することを通じて、私たち自身がそうした閉塞を乗り超え、希望の時代の幕開けを告げてゆくことは不可能ではあるまい。そのために、いま求められていること――それは、個と個の間で開かれた対話を積み重ねながら、人間らしく生きることの条件について一人ひとりが粘り強く思考することではないか。その営みの糧となるものが、教養に外ならないと私たちは考える。歴史とは何か、よく生きるとはいかなることか、世界そして人間はどこへ向かうべきなのか――こうした根源的な問いとの格闘が、文化と知の厚みを作り出し、個人と社会を支える基盤としての教養となった。まさにそのような教養への道案内こそ、岩波新書が創刊以来、追求してきたことである。

岩波新書は、日中戦争下の一九三八年一一月に赤版として創刊された。創刊の辞は、道義の精神に則らない日本の行動を憂慮し、批判的精神と良心的行動の欠如を戒めつつ、現代人の現代的教養を刊行の目的とする、と謳っている。以後、青版、黄版、新赤版と装いを改めながら、合計二五〇〇点余りを世に問うてきた。そして、いままた新赤版が一〇〇〇点を迎えたのを機に、人間の理性と良心への信頼を再確認し、それに裏打ちされた文化を培っていく決意を込めて、新しい装丁のもとに再出発したいと思う。一冊一冊から吹き出す新風が一人でも多くの読者の許に届くこと、そして希望ある時代への想像力を豊かにかき立てることを切に願う。

（二〇〇六年四月）

社会

岩波新書より

鳥獣害　動物たちと、どう向きあうか　祖田　修
科学者と戦争　池内　了
新しい幸福論　橘木俊詔
ブラックバイト　学生が危ない　今野晴貴
原発プロパガンダ　本間　龍
ルポ　母子避難　吉田千亜
日本にとって沖縄とは何か　新崎盛暉
日本病　長期衰退のダイナミクス　金子　勝／児玉龍彦
雇用身分社会　森岡孝二
生命保険とのつき合い方　出口治明
ルポ　にっぽんのごみ　杉本裕明
鈴木さんにも分かるネットの未来　川上量生
地域に希望あり　大江正章
世論調査とは何だろうか　岩本　裕
フォト・ストーリー　沖縄の70年　石川文洋
ルポ　保育崩壊　小林美希
多数決を疑う　社会的選択理論とは何か　坂井豊貴

アホウドリを追った日本人　平岡昭利
朝鮮と日本に生きる　金　時鐘
被災弱者　岡田広行
農山村は消滅しない　小田切徳美
復興〈災害〉　塩崎賢明
「働くこと」を問い直す　山崎　憲
原発と大津波　警告を葬った人々　添田孝史
縮小都市の挑戦　矢作　弘
福島原発事故　被災者支援政策の欺瞞　日野行介
日本の年金　駒村康平
食と農でつなぐ　福島から　塩谷弘康／岩崎由美子
過労自殺〔第二版〕　川人　博
金沢を歩く　山出　保
ドキュメント　豪雨災害　稲泉　連
ひとり親家庭　赤石千衣子
女のからだ　フェミニズム以後　荻野美穂
〈老いがい〉の時代　天野正子
子どもの貧困 II　阿部　彩

性と法律　角田由紀子
ヘイト・スピーチとは何か　師岡康子
生活保護から考える◆　稲葉　剛
かつお節と日本人　宮内泰介／藤林　泰
家事労働ハラスメント　竹信三恵子
福島原発事故　県民健康管理調査の闇　日野行介
電気料金はなぜ上がるのか　朝日新聞経済部
おとなが育つ条件　柏木惠子
在日外国人〔第三版〕　田中　宏
まち再生の術語集　延藤安弘
震災日録　記憶を記録する　森まゆみ
原発をつくらせない人びと　山秋　真
社会人の生き方　暉峻淑子
構造災　科学技術社会に潜む危機　松本三和夫
家族という意志　芹沢俊介
ルポ　良心と義務　田中伸尚
飯舘村は負けない　千葉悦子／松野光伸
夢よりも深い覚醒へ　大澤真幸

(2021.10)　◆は品切，電子書籍版あり．　(D2)

岩波新書より

3・11 複合被災◆	外岡秀俊
子どもの声を社会へ	桜井智恵子
就職とは何か	森岡孝二
日本のデザイン	原 研哉
ポジティヴ・アクション	辻村みよ子
脱原子力社会へ	長谷川公一
希望は絶望のど真ん中に	むのたけじ
福島 原発と人びと	広河隆一
アスベスト 広がる被害	大島秀利
原発を終わらせる	石橋克彦編
日本の食糧が危ない	中村靖彦
勲章 知られざる素顔	栗原俊雄
希望のつくり方	玄田有史
生き方の不平等◆	白波瀬佐和子
同性愛と異性愛	風間 孝・河口和也
贅沢の条件	山田登世子
新しい労働社会	濱口桂一郎
世代間連帯	上野千鶴子・辻元清美
道路をどうするか	五十嵐敬喜・小川明雄
子どもの貧困	阿部 彩
子どもへの性的虐待	森田ゆり
戦争絶滅へ、人間復活へ	むのたけじ・黒岩比佐子 聞き手
テレワーク 「未来型労働」の現実	佐藤彰男
反貧困	湯浅 誠
不可能性の時代	大澤真幸
地域の力	大江正章
少子社会日本	山田昌弘
親米と反米	吉見俊哉
「悩み」の正体	香山リカ
変えてゆく勇気◆	上川あや
戦争で死ぬ、ということ	島本慈子
ルポ 改憲潮流	斎藤貴男
社会学入門	見田宗介
冠婚葬祭のひみつ	斎藤美奈子
少年事件に取り組む	藤原正範
悪役レスラーは笑う◆	森 達也
いまどきの「常識」	香山リカ
働きすぎの時代◆	森岡孝二
桜が創った「日本」	佐藤俊樹
生きる意味	上田紀行
ルポ 戦争協力拒否	吉田敏浩
社会起業家◆	斎藤 槙
ウォーター・ビジネス	中村靖彦
逆システム学◆	金子 勝・児玉龍彦
男女共同参画の時代	鹿嶋 敬
当事者主権	中西正司・上野千鶴子
豊かさの条件	暉峻淑子
クジラと日本人	大隅清治
人生案内	落合恵子
若者の法則	香山リカ
自白の心理学	浜田寿美男
原発事故はなぜくりかえすのか	高木仁三郎
日本の近代化遺産	伊東 孝
証言 水俣病	栗原 彬編
日の丸・君が代の戦後史◆	田中伸尚
コンクリートが危ない	小林一輔

(2021.10)　◆は品切，電子書籍版あり．　(D3)

政治

「オピニオン」の政治思想史	堤林剣・堤林恵
戦後政治史〔第四版〕	石川真澄・山口二郎
尊厳	マイケル・ローゼン　内尾太一・峯陽一訳
デモクラシーの整理法	空井護
地方の論理	小磯修二
SDGs	南博・稲場雅紀
暴君	スティーブン・グリーンブラット　河合祥一郎訳
ドキュメント 強権の経済政策	軽部謙介
リベラル・デモクラシーの現在	樋口陽一
民主主義は終わるのか	山口二郎
女性のいない民主主義	前田健太郎
平成の終焉	原武史
日米安保体制史	吉次公介
官僚たちのアベノミクス	軽部謙介
在日米軍 変貌する日米安保体制	梅林宏道
矢内原忠雄 戦争と知識人の使命	赤江達也
憲法改正とは何だろうか	高見勝利
共生保障〈支え合い〉の戦略	宮本太郎
シルバー・デモクラシー 戦後世代の覚悟と責任	寺島実郎
憲法と政治	青井未帆
18歳からの民主主義◆	岩波新書編集部編
検証 安倍イズム	柿崎明二
右傾化する日本政治	中野晃一
外交ドキュメント 歴史認識◆	服部龍二
日米〈核〉同盟 原爆、核の傘、フクシマ	太田昌克
集団的自衛権と安全保障	豊下楢彦・古関彰一
日本は戦争をするのか	半田滋
アジア力の世紀	進藤榮一
民族紛争	月村太郎
自治体のエネルギー戦略	大野輝之
政治的思考	杉田敦
現代日本の政党デモクラシー	中北浩爾
サイバー時代の戦争	谷口長世
現代中国の政治	唐亮
政権交代とは何だったのか◆	山口二郎
日本の国会	大山礼子
戦後政治史〔第三版〕	石川真澄・山口二郎
〈私〉時代のデモクラシー	宇野重規
大臣〔増補版〕	菅直人
生活保障 排除しない社会へ	宮本太郎
「戦地」派遣 変わる自衛隊	半田滋
民族とネイション	塩川伸明
昭和天皇	原武史
集団的自衛権とは何か	豊下楢彦
沖縄密約	西山太吉
吉田茂	原彬久
市民の政治学◆	篠原一
東京都政	佐々木信夫
有事法制批判	憲法再生フォーラム編

経　済

日本経済図説〔第五版〕　宮崎勇／本庄真／田谷禎三
好循環のまちづくり！　枝廣淳子
グローバル・タックス　諸富徹
世界経済図説〔第四版〕　宮崎勇／田谷禎三
日本経済30年史　バブルからアベノミクスまで　山家悠紀夫
行動経済学の使い方　大竹文雄
日本のマクロ経済政策　熊倉正修
ゲーム理論入門の入門　鎌田雄一郎
平成経済　衰退の本質　金子勝
幸福の増税論　井手英策
日本の税金〔第3版〕　三木義一
戦争体験と経営者　立石泰則
金融政策に未来はあるか　岩村充
データサイエンス入門　竹村彰通
経済数学入門の入門　田中久稔
地元経済を創りなおす　枝廣淳子

会計学の誕生　渡邉泉
偽りの経済政策　服部茂幸
ミクロ経済学入門の入門　坂井豊貴
経済学のすすめ　佐和隆光
ガルブレイス　伊東光晴
ユーロ危機とギリシャ反乱　田中素香
ポスト資本主義　科学・人間・社会の未来　広井良典
日本の納税者◆　三木義一
タックス・イーター　志賀櫻
コーポレート・ガバナンス◆　花崎正晴
グローバル経済史入門　杉山伸也
アベノミクスの終焉◆　服部茂幸
新・世界経済入門　西川潤
金融政策入門　湯本雅士
日本経済図説〔第四版〕　宮崎勇／本庄真／田谷禎三
新自由主義の帰結　服部茂幸
タックス・ヘイブン　志賀櫻
ＷＴＯ　貿易自由化を超えて　中川淳司

日本財政　転換の指針　井手英策
成熟社会の経済学　小野善康
平成不況の本質　大瀧雅之
原発のコスト　大島堅一
次世代インターネットの経済学　依田高典
ユーロ　危機の中の統一通貨　田中素香
低炭素経済への道　諸富徹／浅岡美恵
「分かち合い」の経済学　神野直彦
グリーン資本主義　佐和隆光
消費税をどうするか　小此木潔
国際金融入門〔新版〕　岩田規久男
ビジネス・インサイト◆　石井淳蔵
金融商品とどうつき合うか　新保恵志
金融ＮＰＯ　藤井良広
地域再生の条件　本間義人
経済データの読み方〔新版〕　鈴木正俊
格差社会　何が問題なのか　橘木俊詔

法律

少年法入門　廣瀬健二
倒産法入門　伊藤眞
国際人権入門　申惠丰
AIの時代と法　小塚荘一郎
労働法入門〔新版〕　水町勇一郎
アメリカ人のみた日本の死刑　デイビッド・T・ジョンソン　笹倉香奈訳
虚偽自白を読み解く　浜田寿美男
親権と子ども　榊原富士子　池田清貴
裁判の非情と人情　原田國男
独占禁止法〔新版〕　村上政博
密着 最高裁のしごと　川名壮志
「法の支配」とは何か 行政法入門　大浜啓吉
会社法入門〔新版〕　神田秀樹
憲法への招待〔新版〕　渋谷秀樹
比較のなかの改憲論　辻村みよ子
大災害と法　津久井進

変革期の地方自治法　兼子仁
原発訴訟　海渡雄一
民法改正を考える◆　大村敦志
労働法入門◆　水町勇一郎
人が人を裁くということ　小坂井敏晶
知的財産法入門　小泉直樹
消費者の権利〔新版〕　正田彬
司法官僚 裁判所の権力者たち　新藤宗幸
名誉毀損　山田隆司
刑法入門　山口厚
家族と法　二宮周平
会社法入門◆　神田秀樹
憲法とは何か　長谷部恭男
良心の自由と子どもたち　西原博史
著作権の考え方　岡本薫
法とは何か〔新版〕　渡辺洋三
日本の憲法〔第三版〕　長谷川正安
憲法と天皇制　横田耕一
自由と国家　樋口陽一

憲法第九条　小林直樹
日本人の法意識　川島武宜
憲法講話◆　宮沢俊義

岩波新書より

環境・地球

グリーン・ニューディール　明日香壽川
水の未来　沖大幹
異常気象と地球温暖化　鬼頭昭雄
エネルギーを選びなおす　小澤祥司
欧州のエネルギーシフト　脇阪紀行
グリーン経済最前線　井田徹治・末吉竹二郎
低炭素社会のデザイン　西岡秀三
環境アセスメントとは何か　原科幸彦
生物多様性とは何か　井田徹治
キリマンジャロの雪が消えていく　石弘之
イワシと気候変動　川崎健
森林と人間　石城謙吉
世界森林報告　山田勇
地球の水が危ない　高橋裕
地球環境報告 II　石弘之
地球温暖化を防ぐ　佐和隆光
地球環境問題とは何か　米本昌平
地球環境報告　石弘之
ゴリラとピグミーの森　伊谷純一郎
国土の変貌と水害　高橋裕
水俣病　原田正純

情報・メディア

実践 自分で調べる技術　宮内泰介
生きるための図書館　竹内さとる
流言のメディア史　佐藤卓己
メディア不信 何が問われているのか　林香里
グローバル・ジャーナリズム　澤康臣
キャスターという仕事　国谷裕子
読んじゃいなよ!　高橋源一郎編
読書と日本人　津野海太郎
スポーツアナウンサー 実況の真髄　山本浩
戦争と検閲 石川達三を読み直す　河原理子
NHK〔新版〕　松田浩
震災と情報　徳田雄洋
メディアと日本人　橋元良明
デジタル社会はなぜ生きにくいか　徳田雄洋
ジャーナリズムの可能性　原寿雄
ITリスクの考え方　佐々木良一
ウェブ社会をどう生きるか　西垣通
報道被害　梓澤和幸
メディア社会　佐藤卓己
現代の戦争報道　門奈直樹
未来をつくる図書館　菅谷明子
新聞は生き残れるか◆中馬清福
インターネット術語集 II　矢野直明
メディア・リテラシー　菅谷明子
職業としての編集者　吉野源三郎
岩波新書解説総目録 1938-2019　岩波新書編集部編

現代世界

岩波新書より

欧州連合 統治の論理とゆくえ　庄司克宏
バチカン　郷富佐子
アメリカよ、美しく年をとれ　猿谷要
いま平和とは　最上敏樹
「民族浄化」を裁く　多谷千香子
サウジアラビア　保坂修司
中国激流 13億のゆくえ　興梠一郎
多民族国家 中国　王柯
国連とアメリカ　最上敏樹
東アジア共同体　谷口誠
ヨーロッパとイスラーム　内藤正典
現代の戦争被害　小池政行
帝国を壊すために　アルンダティ・ロイ 本橋哲也訳
多文化世界　青木保
デモクラシーの帝国　藤原帰一
パレスチナ〔新版〕　広河隆一
人道的介入　最上敏樹
異文化理解　青木保

ロシア市民　中村逸郎
ロシア経済事情　小川和男
南アフリカ「虹の国」への歩み　峯陽一
ユーゴスラヴィア現代史　柴宜弘
ビルマ「発展」のなかの人びと　田辺寿夫
東南アジアを知る　鶴見良行
獄中19年　徐勝
モンゴルに暮らす　一ノ瀬恵
チェルノブイリ報告　広河隆一
イスラームの日常世界　片倉もとこ
サッチャー時代のイギリス　森嶋通夫
エビと日本人　村井吉敬
バナナと日本人　鶴見良行
アフリカの神話的世界　山口昌男
韓国からの通信　T・K生 「世界」編集部編
この世界の片隅で　山代巴編